महाक्रांतिकारी मंगल पांडे

महाक्रांतिकारी मंगल पांडे

दिनकर कुमार

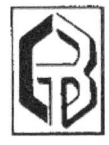

चिल्ड्रन बुक टेंपल
दिल्ली

प्रकाशक : चिल्ड्रन बुक टेंपल, सी-55, गणेश नगर, पांडव नगर, दिल्ली-110092
सर्वाधिकार : सुरक्षित / संस्करण : प्रथम, 2021
ISBN 978-81-89573-77-5

MAHAKRANTIKARI MANGAL PANDEY
by Dinkar Kumar
Published by Children Book Temple, C-55, Ganesh Nagar,
Pandav Nagar, Delhi-110092

कह रही है कि तुझे धोखेबाज व मक्कार शत्रुओं के खिलाफ फौरन आक्रमण बोल देना चाहिए। अब और रुकने की आवश्यकता नहीं है।''

मंगल पांडे ने सिंहनाद कर दिया, तभी वहाँ सार्जेंट मेजर ह्यूसन आ गया। और उसने मंगल पांडे की गिरफ्तारी का आदेश दिया, पर सब ने उसकी अनसुनी कर दी। इतने में मंगल पांडे की बंदूक से गोली छूटी और सार्जेंट ह्यूसन जमीन चाटने लगा। दूसरा अंग्रेज अफसर लेज्टिनेंट बॉब घोड़े पर सवार होकर मंगल पांडे की तरफ झपटा। मंगल ने दूसरी गोली चला दी, जो घोड़े को लगी और वह बॉब को लिये-दिए गिर पड़ा। बॉब ने पिस्टल से मंगल पांडे पर फायर किया, मगर निशाना चूक गया। इतने में मंगल ने तलवार से बॉब को मौत के घाट उतार दिया। इसी समय एक अंग्रेज ने पीछे से मंगल पर हमला किया, तभी एक भारतीय सिपाही ने जोर से बंदूक का कुंदा उसके सिर पर दे मारा, जिससे अंग्रेज का सिर फट गया और वह धरती पर गिर पड़ा।

इतने में विद्रोह की खबर कर्नल ह्वीलर को मिली। परेड ग्राउंड में पहुँचकर उसने भारतीय सैनिकों को आज्ञा दी—पांडे को गिरफ्तार करो। जवाब में सिपाहियों के बीच से सिंहनाद हुआ—''खबरदार, कोई मंगल पांडे को हाथ न लगाए। हम उनका बाल भी बाँका न होने देंगे।'' कर्नल ह्वीलर ने अंग्रेजों की लाशें देखीं, मंगल पांडे का रक्त से सना शरीर देखा, विद्रोह के मुहाने पर खड़ी फौज को देखा और कुछ सोचता हुआ लौट गया। उसने जनरल हियर्से को खबर की। अंग्रेज सेना के साथ हियर्से परेड ग्राउंड में आ धमका। मंगल पांडे ने अंग्रेज सेना को आते देखकर गर्जना की—''भाइयो, बगावत करो, बगावत करो। अब देर करना उचित नहीं। देश को तुम्हारा बलिदान चाहिए।'' पर भारतीय सिपाही 31 मई की तय तारीख और क्रांतिकारी आंदोलन के अनुशासन के कारण शांत रहे।

मंगल पांडे ने तत्काल अपनी छाती पर नाल रखकर गोली चला दी। वे नहीं चाहते थे कि अंग्रेज उन्हें जीवित पकड़कर उनकी दुर्गति कर दें, पर दुर्भाग्य से वे मरे नहीं। अंग्रेजों ने फौजी अस्पताल में उनका इलाज करवाया। ठीक होने पर उन पर फौजी अनुशासन भंग करने और हत्या का मुकदमा चला। मंगल पांडे ने कहा, ''जिन अंग्रेजों पर मैंने गोली चलाई, उनसे मेरा कोई वैर नहीं था। झगड़ा व्यक्तियों का नहीं, दो देशों का है। हम नहीं चाहते

दो शब्द

8 अप्रैल, 1857 के दिन बैरकपुर छावनी की रेजिमेंट के सिपाही को फौजी अनुशासन भंग करने और हत्या के अपराध में फाँसी पर चढ़ाया गया। फाँसी देने के लिए कोई स्थानीय जल्लाद नहीं मिला तो कलकत्ता से चार जल्लाद बुलाकर इस फौजी को फाँसी दी गई। यह फौजी था—भारतीय स्वतंत्रता संग्राम का प्रथम शहीद मंगल पांडे। अजीमुल्ला खाँ द्वारा तैयार की गई 31 मई, 1857 के गदर की योजना को नाना साहेब पेशवा ने क्रियान्वित किया, पर मातृभूमि की आजादी के लिए प्राण न्योछावर करने वाले प्रथम योद्धा बने मंगल पांडे।

बैरकपुर की 19 नंबर रेजिमेंट में जब यह खबर फैली कि अंग्रेजों द्वारा गाय व सूअर की चरबी के प्रयोगवाले कारतूस आए हैं, तो वहाँ असंतोष फैल गया। 31 मई, 1857 को गदर की तैयारी के लिए बैरकपुर में रेजिमेंट का मुखिया वजीर अली खाँ को बनाया गया था। कारतूसों को इस्तेमाल करने से इनकार कर देने के कारण अंग्रेजों ने रेजिमेंट को निःशस्त्र करने की योजना बनाई। इन परिस्थितियों ने मंगल पांडेय को गुलामी की बेड़ियाँ काटने के लिए उद्वेलित कर दिया।

29 मार्च, 1857 को बैरकपुर छावनी के अपने कमरे में बैठे मंगल पांडे ने अपनी बंदूक उठाकर उसे माथे से लगाकर चूमा। भारतमाता की बारंबार स्तुति करते हुए बंदूक में गोली भरी, फिर परेड ग्राउंड की तरफ चल पड़े। साथियों ने रोका, मंगल पांडे ने ललकारा—''व्यर्थ प्रतीक्षा मत करो। चलो, आज ही फैसला करो। आज ही फिरंगियों का सफाया करो।'' उन्होंने धर्म की सौगंध देते हुए ललकारा—''स्वतंत्रता की देवी तुझे पुकार रही है और

कि दूसरों के गुलाम बनकर रहें। फिरंगियों को हम अपने देश से निकाल देना चाहते हैं।'' अदालत ने मंगल पांडे को सजा-ए-मौत सुनाई। 8 अप्रैल, 1857 को मंगल पांडे को फाँसी दे दी गई। इस पुस्तक में भारत के प्रथम स्वाधीनता संग्राम के प्रथम शहीद महान् क्रांतिवीर मंगल पांडे की जीवन-कथा को प्रस्तुत किया गया है।

अनुक्रमणिका

	दो शब्द	5
1.	भारत का प्रथम स्वतंत्रता संग्राम	11
2.	क्यों हुई क्रांति?	16
3.	1857 की क्रांति के कारण	24
4.	1857 का राष्ट्रीय आंदोलन	32
5.	सन् 1857 की क्रांति के महानायक	45
6.	आरंभिक चरण	52
7.	अंग्रेजी सेना का प्रचार	56
8.	भरती के लिए प्रलोभन	60
9.	फौज में बहाली	63
10.	बादशाह की बेबसी	67
11.	क्रांति की चिनगारी	73
12.	विप्लव की गुप्त तैयारी	80
13.	चरबी वाले कारतूस की हकीकत	86
14.	कारतूस का विरोध	90
15.	मृत्यु के भय से मुक्ति	92
16.	मंगल पांडे का मुकदमा	97
17.	मंगल पांडे का फाँसीनामा	120
18.	मंगल पांडे का जन्मस्थल और उनके वंशज	122
	संदर्भ ग्रंथ	128

भारत का प्रथम स्वतंत्रता संग्राम

मेरठ छावनी में तैनात तीसरी कैवेलरी के 85 सैनिकों द्वारा परेड ग्राउंड पर चरबी लगे कारतूसों के प्रयोग के आदेश की अवहेलना ने भारत की स्वाधीनता के प्रथम संग्राम को एक ऐसा मोड़ दिया, जिसको '1857 की क्रांति' के नाम से जाना गया।

10 मई, 1857 को प्रस्फुटित हुई यह क्रांति मात्र सैनिक विद्रोह नहीं थी। इसका सर्वाधिक उल्लेखनीय पहलू यह है कि इसमें हिंदू और मुसलमान दोनों ही अपने धर्म की रक्षा के लिए कटिबद्ध थे। 1857 के विप्लव से पूर्व ही देश के सैनिक तथा असैनिक ठिकानों के घटनाक्रम में क्रांति के पर्याप्त साक्ष्य मिलने लगे थे। ये इंगित कर रहे थे कि आनेवाला समय ईस्ट इंडिया कंपनी सरकार के लिए दु:खदायी साबित हो सकता है। संभवत: यही कारण था कि 1857 की क्रांति के बाद अंग्रेज अधिकारी यह साबित करने में जुट गए कि जो विप्लव भारत की धरती पर 1857 में हुआ था, वह मात्र एक सैनिक विद्रोह था, जिसके लिए कुछ धार्मिक कारण उज़रदायी थे।

तत्कालीन अंग्रेज अधिकारियों द्वारा प्रस्तुत इस तर्क को उस समय अधिकांश इतिहासकारों द्वारा जस-का-तस स्वीकार कर लिया गया, जिससे उनका निष्कर्ष यही निकला कि 1857 का प्रथम स्वतंत्रता संग्राम एक फौजी बगावत से अधिक कुछ नहीं था, जिसके पीछे कुछ धार्मिक कारण विद्यमान थे।

इस प्रकार देश के प्रथम स्वतंत्रता संग्राम को जिस तरह से प्रस्तुत किया गया, वह तथ्यों के उपलब्ध होने के बाद भी उन्हें नकारने जैसा ही है। ऐसा नहीं है कि जो कुछ हुआ, वह मात्र छावनियों तथा बैरकों तक ही सीमित था। 1857 के प्रस्फुटन से पूर्व समस्त देश में रहस्यमय घटनाएँ घटित हो रही थीं। इसी प्रकार की एक अत्यंत महत्त्वपूर्ण तथा रहस्यपूर्ण घटना चपातियों के वितरण

के रूप में परिलक्षित होती है।

चपातियों के वितरण की सूचना जनपद मथुरा, मेरठ डिवीजन, गुड़गाँव तथा दिल्ली के समीपवर्ती क्षेत्रों से मिलती है। ये चपातियाँ गंगा के उज़र में रुहेलखंड तथा अवध के क्षेत्रों में भी देखने में आईं तथा इनका उद्‌गम स्थल संभवत: बुंदेलखंड था। मथुरा के तत्कालीन मजिस्ट्रेट मार्क टार्नहिल ने लिखा है कि चपाती लोगों का ध्यान आकर्षित करने में सफल रही। ऐसा ही वितरण 1803 में उज़र में मराठा लूटपाट से पहले भी हुआ था, इसके पश्चात् 1806 में थैलोर विप्लव के दौरान लॉर्ड रॉबर्ट्स का विचार था कि चपातियों का उद्‌देश्य स्थानीय लोगों को आनेवाली घटनाओं के लिए तैयार करना था।

चपातियों के वितरण से संबंधित सबसे आश्चर्यजनक जानकारी कर्नल ए.आर. मैकेंजी के एक पत्र से मिलती है, जो कि 1857 में मेरठ में तीसरी हलकी अश्वसेना का लेफ़्टिनेंट था। मैकेंजी ने लिखा है—''प्रत्येक को रहस्यमय चपातियाँ अथवा गेहूँ की चपटी टिकियाँ याद हैं, जो कि गदर से कुछ ही दिन पूर्व एक रेजिमेंट से दूसरी रेजिमेंट के बीच बाँटी गईं। अंग्रेज इनके रहस्य की कभी थाह नहीं ले पाए, किंतु इस बारे में कोई संदेह नहीं हो सकता कि सिपाहियों द्वारा इन्हें आने वाली घटनाओं के लिए तैयार रहने का संकेत समझा गया।''

गदर के कारणों की जाँच करने के लिए नियुक्त उज़र-पश्चिम प्रांत के पुलिस अधीक्षक मेजर विलियज़्स ने अपनी रिपोर्ट में लिखा है, ''विप्लव से एकदम पूर्व चपातियों का वितरण अत्यधिक रहस्यपूर्ण तथा संदेहास्पद है। इसे सुलझाने के समस्त प्रयासों के उपरांत भी यह रहस्य अनसुलझा ही रहा।''

चपातियों के वितरण का उद्‌देश्य उपर्युक्त दोनों अंग्रेज अधिकारियों के बयानों से जितना स्पष्ट होता है, वह अपने आप में तार्किक है। मेजर विलियज़्स वह अधिकारी था, जिसे विप्लव के कारणों की सरकारी जाँच का कार्य सौंपा गया था। मेजर विलियज़्स चपातियों का उल्लेख करते समय स्पष्ट करता है कि यह संभवत: एक प्रकार की सौगंध से संबंधित वितरण था, जो सभी प्रयासों के बावजूद अनसुलझी गुत्थी ही रहा। मैकेंजी का कहना था, ''चपातियों का वितरण विभिन्न पलटनों के बीच भी हुआ था, जिसका उद्‌देश्य उन्हें आने वाली घटनाओं के लिए तैयार रहने का संकेत देना था।''

यहाँ यह भी उल्लेखनीय है कि शिमला में बैठे अंग्रेज अधिकारी जब यह समझ रहे थे कि कारतूसों के कारण व्याप्त असंतोष अब शांत होने लगा है, तब

देश के दूसरे ठिकानों में बैठे अनेक अधिकारी उनसे सहमत नहीं थे। शिमला में कर्नल के प्रथम सहायक एडजुडेंट जनरल कप्तान हार्डिंग बीचर को कमान अधिकारी ई.एम. मार्टिन्यू द्वारा लिखा गया पत्र सिपाहियों की मानसिक दशा का सही ज्योरा देता है।

उसके कुछ अंश इस प्रकार हैं—''हे भगवान्! यहाँ दमन के समस्त तज्व उपस्थित हैं—अपनी समस्त गहनतम और आंतरिक स्फूर्ति सहित। तीव्रतम क्रोध से भड़के हुए एक लाख सिपाही हैं। हम उन्हें फुसलाकर विनोदपूर्ण ढंग से उनकी पीठ थपथपाते हुए कह रहे हैं कि तुम कैसे मूर्ख हो कि बात का बतंगड़ बना रहे हो, किंतु अब वे विश्वास नहीं करते, वे रोकथाम से बाहर हो गए हैं और शीघ्र ही सरपट चाल से चलने लगेंगे। यदि एक स्थान से किसी क्रोध की आग भड़कती है तो वह फैलेगी और सर्वव्यापी हो जाएगी। मैं नित्य दो घंटे देसी सैनिकों की परेड पर जाता हूँ, लेकिन उनके शेष 22 घंटों के बारे में क्या जानता हूँ?'' यह स्थिति तत्कालीन समस्त अंग्रेज अधिकारियों की थी।

इसी कारण उन्हें क्रांति का पूर्वाभास नहीं था, लेकिन मार्टिन्यू जिन अन्य बातों का उल्लेख कर रहा था, उनके बारे में अधिकतर अधिकारी इतने दूरदर्शी नहीं थे। मार्टिन्यू का यह बयान, ''देसी सेना की समस्त श्रेणियों में एक असाधारण उज्जेजना व्याप्त है, किंतु निश्चित रूप से इसका क्या परिणाम निकलेगा, कहने में मुझे भय लगता है।'' यह स्पष्ट करता है कि पलटनें पूरी तरह विद्रोह के लिए तैयार कर दी गई थीं। इसके पीछे कौन लगा था, निश्चित रूप से वह भी नहीं जानता था, लेकिन इसमें कोई संदेह नहीं कि उसे इस बात का एहसास हो गया था कि सेनाओं को भड़काने में किसी और ही संगठन अथवा शक्ति का हाथ है, जिसका जिक्र मार्टिन्यू एक अदृश्य माध्यम के रूप में कर रहा था। मार्टिन्यू को अनुमान भी था कि सैनिक हालाँकि भड़के हुए हैं, कुछ भी करने को उत्सुक हैं, लेकिन ये सैनिक यदि चुप हैं तो इस कारण कि उनको स्वयं नहीं पता था कि वास्तव में करना क्या है। वह इस बात की पुष्टि करता है कि क्रांतिकारी सैनिकों के विद्रोह का वास्तविक स्रोत किसी सैनिक नेतृत्व के हाथ में न होकर किसी राजनीतिक नेतृत्व के हाथ में था, जिसके बारे में अधिकतर सैनिक खुद भी अनभिज्ञ थे। इस स्रोत में इतना नैतिक सामंजस्य, ऐसी सामरिक कुशलता, इतनी दूरदृष्टि तथा ऐसी गोपनीय योजनाएँ भी थीं, जो एक सैनिक द्वारा पूरी की जानी संभव नहीं थीं। निश्चय ही इसके पीछे कोई संगठन लंबे

समय से लगा था, जिसमें विभिन्न धर्मों तथा मतों से संबद्ध हर क्षेत्र के लोग विद्यमान रहे होंगे। इसकी तात्कालिक गोपनीयता से यह भी स्पष्ट होता है कि सर्वोच्च नेतृत्व निश्चय ही कोई छोटा सा दल रहा होगा, अन्यथा इतने लंबे समय तक कार्य करते हुए भी स्वयं को गोपनीय बनाए रखना संभव नहीं था।

यदि इस ओर ध्यान दिया जाए कि 1857 की क्रांति के ठीक पहले किस नेता की क्या गतिविधियाँ थीं तो प्रत्येक स्थान पर स्पष्ट नजर आएगा कि इन क्रांतिकारी नेताओं ने 1857 की क्रांति के प्रस्फुटन से ठीक पहले तक लगभग पूरे देश में भ्रमण करके राजनीतिक स्वतंत्रता के उपदेश दिए थे। इन नेताओं में प्रमुख थे—नाना धोंधू पंत, अजीमुल्ला खाँ, तात्या टोपे, रानी लक्ष्मीबाई के दाएँ हाथ पंडित लक्ष्मण राव, मौलवी फैजाब, बेगम हजरत महल तथा उनके सलाहकार मौलवी लियाकत अली। यही वे नायक थे, जिन्होंने अंग्रेजों की दासता से देश को स्वतंत्र करने के लिए आपस में गोपनीय समझौते भी किए थे। ये लोग आपस में कब और कहाँ मिले, इसके पुष्ट प्रमाण नहीं हैं, लेकिन इनके एक-दूसरे के क्षेत्रों में गोपनीय समझौते अपनी कहानी स्वयं प्रकट करते हैं।

ऐसा प्रतीत होता है कि मुज़्य क्रांतिकारी नेताओं ने एक योजना तैयार की होगी, जिसके अंतर्गत क्रांतिकारियों का उद्देश्य था कि सर्वप्रथम दिल्ली पर अपना अधिकार किया जाए तथा यहाँ से बहादुरशाह जफर को पुनः सम्राट् घोषित कर दिया जाए। इसलिए नहीं कि रूस के जार ने उनसे यह कहा था, बल्कि इसलिए कि राष्ट्रीय तथा अंतरराष्ट्रीय स्तर पर दिल्ली पर अधिकार का सर्वाधिक राजनीतिक (तथा सामरिक) महज़्व था। बहादुरशाह जफर के पुनः सम्राट् घोषित होने से पड़ने वाला असर दूर के राज्यों तक देखा गया। दिल्ली पर अधिकार करने के तुरंत बाद दिल्ली को केंद्र बनाकर दक्षिण में हिंदुस्तान की समुद्री सीमा तक तथा उज़र में हिमालय तक सज़ा बढ़ते जाने तथा उस पर अधिकार करने की योजना रही होगी, जैसा कि 'दिल्ली के पतन' के बाद आने वाले दिनों में देखने में भी आया। दिल्ली पर अधिकार करने के लिए आवश्यक था कि उस समय की 'दोआब' की सबसे बड़ी छावनी मेरठ पर भी साथ-ही-साथ अधिकार किया जाए, अन्यथा मेरठ में बैठी कंपनी की सेना दिल्ली के लिए समस्या बन सकती थी।

इतिहास के लिए यह महज़्वपूर्ण नहीं है कि कौन सा देसी सैनिक दिल्ली की ओर सड़क, खेतों अथवा जंगलों से गया था, बल्कि इतिहास के लिए महज़्व

इस बात का है कि मेरठ से आने वाले सैनिक दस्तों ने लाल किले के सम्राट् को हिंदुस्तान का सम्राट् घोषित कर दिया था। यहाँ यह नहीं भूलना चाहिए कि उस समय संचार व्यवस्था आज जैसी नहीं थी कि दिल्ली में पहले ही यह सूचना भिजवा दी जाती कि विप्लवी सैनिक रवाना हो चुके हैं। यह प्रमाणित हो चुका है कि मेरठ-दिल्ली की तार लाइन 10 मई, 1857 की दोपहर 4 बजे से पहले ही किसी समय काट दी गई थी, फिर भी मेरठ की सेना की दिल्ली में प्रतीक्षा थी। यह अपने आप में सच है तथा पूर्णत: प्रमाणित भी।

विद्रोह चाहे मेरठ से शुरू हुआ अथवा दिल्ली से, मेरठ की सेना को पहुँचना दिल्ली ही था। यदि मेरठ में 10 मई, 1857 को प्रात:काल ही क्रांति शुरू हो गई होती (जो कि सामरिक नीति के अनुकूल नहीं था) तो मेरठ तथा दिल्ली की क्रांति की तारीख एक ही होती। मेरठ में 10 मई, 1857 की क्रांति के संदर्भ में यह भी जानना आवश्यक है कि मेरठ के विप्लवी सैनिकों ने 11 मई की सुबह दिल्ली पहुँचकर लाल किले की प्राचीर पर स्वतंत्रता का झंडा फहरा दिया था। नेताजी सुभाषचंद्र बोस ने दक्षिण-पूर्व एशिया से 'दिल्ली चलो' का जो नारा दिया था और दिल्ली के रास्ते को आजादी का रास्ता बतलाया था, 1857 की क्रांति के नायकों तथा मेरठ के सैनिकों ने उसे नौ दशक पूर्व ही अनुभव कर लिया था। 15 अगस्त, 1947 को लाल किले पर भारतीय स्वाधीनता के जिस झंडे को फहराया गया था, वह कार्य 11 मई, 1857 को मेरठ से दिल्ली पहुँचनेवाले क्रांतिकारियों ने कर दिखाया था।

☐

क्यों हुई क्रांति?

किसी दिन की शुरुआत ही कुछ ऐसी होती है कि होनी की अनहोनी और अनहोनी की होनी हो जाती है। सबकुछ अजीब और अद्भुत दिखने लगता है। उस दिन विशेष का महत्त्व वाकई इतिहास में अजर-अमर हो जाता है।

हिंदुस्तान के इतिहास में 10 मई, 1857 का दिन एक ऐसा ही दिन था, जो हमेशा याद रहेगा।

आजादी की लड़ाई का वह एक जोशीला दिन था। उस दिन के चौबीस घंटों में आजादी की पहली लड़ाई की बहादुरी के दर्शन हुए। दिल्ली के पास मेरठ में उस दिन असंतोष की आग भड़क उठी। उस जनविद्रोह की आग ने गंगा-जमुना के आसपास के सारे इलाके को चपेट में ले लिया।

मेरठ में जो घटित हुआ, वह अचानक नहीं हुआ था। सन् 1857 की शुरुआत में ही आगरा और अवध के इलाकों में लोग चमत्कारिक बेचैनी महसूस कर रहे थे। ईस्ट इंडिया कंपनी के लिए इस वर्ष का विशेष महत्त्व रहा। इस कंपनी की स्थापना सन् 1600 में हिंदुस्तान और इंग्लैंड के बीच व्यापार बढ़ाने के उद्देश्य से की गई थी। शुरुआती दौर में कंपनी ने सूरत, कलकज्जा आदि बंदरगाहों में अपने माल-गोदाम खोले।

बादशाह जहाँगीर की इजाजत से कंपनी के आयात-निर्यात कारोबार में जान आ गई। सन् 1707 में औरंगजेब की मृत्यु के बाद मुगल सल्तनत का दबदबा धीरे-धीरे खत्म होता गया। इससे कंपनी को अच्छा फायदा हुआ। उसे अपना कारोबार बढ़ाने में आसानी हुई। कंपनी ने अपना ठिकाना बंगाल में जमा लिया था। कलकज्जा में अब कंपनी का प्रधान दज्जतर बन गया।

सन् 1757 में कलकज्जा के पास प्लासी में बंगाल के नवाब सिराजुद्दौला

और कंपनी के बीच युद्ध हुआ। नवाब यह लड़ाई हार गया। कंपनी के हौसले बढ़ गए। कंपनी के आलाकमान की लालसा बढ़ गई। केवल बंगाल ही नहीं, बल्कि पूरा हिंदुस्तान निगलने की महज्वाकांक्षा पैदा हो गई।

अगले सौ सालों के भीतर कंपनी ने साम, दाम, दंड और भेद की नीति अपनाकर पूरे देश पर कज्जा कर लिया। 23 जून, 1857 को विजय दिवस की शताज्दी मनाने की योजना तय हुई। अचानक उसी दिन आगरा और अवध में 'चपाती मुहिम' शुरू हो गई। कंपनी की विभिन्न कचहरियों में डर का साया फैल गया। कंपनी ने भरसक प्रयास किए, लेकिन मुहिम का राज नहीं खुल सका। चपाती मुहिम की अंदर की बात कंपनी समझ नहीं पा रही थी। आखिर यह चपाती मुहिम कौन और क्यों चला रहा है?

कंपनी के लोगों में कानाफूसी होने लगी। हिंदुस्तानी जनता में अंग्रेजी राज के खिलाफ असंतोष भड़क रहा था। मथुरा का कलेक्टर मार्क टार्नहिल बेफिक्र था। वह स्वयं को बहादुर अधिकारी समझता था। वह सबसे कहने लगा, ''चपाती मुहिम सभी जगहों पर फैल गई है। यह सब कौन कर रहा है, यह मैं खोज निकालूँगा। मैं इस मुहिम की जड़ को उखाड़ फेंकूँगा।''

चपाती मुहिम जनवरी, 1857 में शुरू हुई थी। अब मार्च गुजर चुका था। मथुरा की कचहरी में अब तक चपाती का दर्शन नहीं हुआ था। टार्नहिल खुश था। उसे लगा कि उसके साथियों को डरानेवाला यह सिलसिला अब खत्म हो गया है।

अचानक कचहरी में एक दिन हादसा हुआ। जो डर था, वही हो गया। टार्नहिल की मेज पर हथेली के आकार की चार चपातियाँ कतार में रखी हुई थीं। यह नजारा देखकर टार्नहिल का पसीना छूट गया। उसने यह खबर तुरंत आगरा के कमिश्नर जॉर्ज हार्वे को पहुँचा दी। हार्वे ने जान लिया कि अब आगरा भी सुरक्षित नहीं रह गया। मथुरा की तरह अन्य जगहों से भी यही समाचार प्राप्त होने लगे। यह देखकर टार्नहिल की तरह हार्वे भी चौंक गया। उसने समझ लिया कि इस मामले में लापरवाही नहीं होनी चाहिए। अब चुप रहना मुश्किल था। हार्वे ने सभी दिशाओं में अपने आदमी भेज दिए। उनको मुहिम के सूत्रधार की तलाश का काम सौंपा गया। उसे विश्वास था कि इसका भेद जल्द ही खुल जाएगा, लेकिन उसके आदमी खाली हाथ लौट आए। हार्वे ने कलकज़ा के गवर्नर लॉर्ड कैनिंग को खत लिखा—

"आजकल कचहरियाँ खोलते ही वहाँ किसी अज्ञात व्यक्ति द्वारा रखी तीन-चार चपातियाँ नजर आती हैं। इस घटना की पूरी जाँच की, लेकिन और कोई सुराग नहीं मिला। लगता है कि ये चपातियाँ रातोंरात डेढ़-दो सौ मील का फासला तय करती हैं। जगह-जगह आदमी लगा दिए हैं। हमारे इलाके में इस चपाती मुहिम ने हो-हल्ला मचा दिया है।"

कैनिंग भी उलझन में पड़ गया। आगरा-दिल्ली से लेकर लखनऊ-कानपुर तक इस मुहिम से खलबली मच गई। उसने महसूस किया कि इस मुहिम के पीछे चल रही साजिश का पर्दाफाश करना चाहिए। गवर्नर जनरल से आदेश मिलते ही जवाबतलबी शुरू हो गई। इस संदेह के घेरे में खुद बादशाह बहादुरशाह जफर भी आ गए। बयासी वर्ष के बूढ़े बादशाह ने कानों पर हाथ रखा और बोला, "यह बिलकुल अजीब किस्सा है। मैंने जिंदगी में पहली बार यह सुना है।"

गवर्नर जनरल के चेहरे का रंग पीला पड़ गया। चपाती के साथ अब लाल कमल का सिलसिला भी चल निकला। कमल का फूल देने वाला और लेने वाला, दोनों ऊँचे सुर में कहने लगे, "सबकुछ लाल हो जाएगा।" इसका मतलब अब लड़ाई की तैयारी शुरू होनी है। न जाने अब कौन सी आफत आनेवाली है? इस डर से कैनिंग के साथ कंपनी के आला अफसर भी परेशान हो गए।

अचानक एक दिन चपाती का यह तूफान थम गया, फिर भी इस मुहिम की जाँच जारी रही। मुहिम का खुलासा कोई न कर सका। मुहिम को लेकर अनेक किंवदंतियाँ फैलीं और चर्चाओं का दौर चलता रहा। किसी बात पर भरोसा नहीं किया जा सकता था। इन चर्चाओं में कोई तालमेल नहीं था।

किसी ने नाना साहब पेशवा का भी जिक्र किया। नाना साहब अंतिम पेशवा बाजीराव द्वितीय के दज़क पुत्र थे। नाना साहब को उम्मीद थी कि उनके पिताजी की तरह उन्हें भी सालाना पेंशन मिलेगी, परंतु कंपनी सरकार की नीति में कुछ परिवर्तन हो गए थे। अब राजाओं के सिर्फ जैविक बच्चों को ही वारिस माना जाने का निर्णय हुआ था। अब आगे दज़क पुत्र को वारिस होने का अधिकार नहीं रहेगा, इसलिए कंपनी ने नाना साहब की अरजी ठुकरा दी थी। नाना साहब ने अनेक अधिकारियों को दलीलें दीं, लेकिन कंपनी ने अपना रुख नहीं बदला। नाना साहब ने आखिर अपने वकील अजीमुल्ला खाँ को लंदन भेजा। वहाँ से

भी अजीमुल्ला खाँ को खाली हाथ लौटना पड़ा।

कंपनी सरकार ने बाजीराव द्वितीय को कानपुर के पास बिठूर गाँव में रहने के लिए विवश किया। काम के निमिज़ नाना साहब बार-बार बिठूर जाते थे। उन्हें जब भी सुविधा होती, वहाँ के दासबुवा के मठ हो आते। एक दिन नाना साहब ने दासबुवा के सामने दिल की बात कही। बैरागी दासबुवा ने धूनी में हाथ डाला। धुनी से सेंकी हुई कुछ चपातियाँ निकालीं। मूर्ति पर चढ़ाए गए फूलों से कुछ कमल के फूल बटोरे और नाना साहब के हाथों में यह प्रसाद देते हुए आशीर्वाद दिया, ''नाना साहब, यह प्रसाद स्वीकार करें। इन चपातियों और फूलों को लेकर प्रस्थान करें। जहाँ तक आप इनको ले जाएँगे, वह भूमि आपकी हो जाएगी। आपके भाग्य में राजयोग है।''

कानपुर के आसपास यह किस्सा हरेक की जबान से सुनने को मिला। पिछले सौ सालों में कंपनी ने अनेक सूबेदारों और राजाओं की रियासतें हथियाकर सबको सामंती प्रभु बना दिया था, लेकिन कंपनी ने अब तक उनके सिंहासन को हाथ नहीं लगाया था। अब माहौल पूरी तरह बदल चुका था। कंपनी ने रियासतों का राज समाप्त करने का एक बहाना ढूँढ़ लिया। धीरे-धीरे पूरा इलाका अपने कज़्जे में लेकर कंपनी आगे बढ़ रही थी।

रियासतदारों के साथ उनकी प्रजा भी कंपनी के इरादों पर संदेह करने लगी। उन लोगों के मन में यह डर पनपने लगा कि हमारा स्वराज अब खतरे में पड़ गया है। घमंडी अफसरों ने इस बदलते माहौल को नजरअंदाज किया था।

जनमानस में विदेशी राज के प्रति विद्रोह बढ़ रहा था। कंपनी को अपनी सेना पर पूरा भरोसा था। उसे मालूम हो गया था कि कोई भी रियासत कंपनी से मुकाबला नहीं कर सकती। कंपनी के पास तीन लाख सिपाहियों की फौज तैयार थी। इतनी ताकत अब किसी राजा के पास कहाँ बची थी ? कंपनी के इन तीन लाख सिपाहियों में अंग्रेज सिपाहियों की संज़्या सिर्फ पंद्रह हजार थी। कंपनी को अपने अनुभवों से मालूम हो गया था कि बाकी सभी देसी सिपाहियों पर उनका रोब चलता है। कंपनी सरकार को यह मालूम होने में बहुत समय लगा कि देसी सिपाही अब उसके प्रति बिफर गए हैं।

प्रजा भी जान गई थी कि हमारा स्वराज खतरे में पड़ गया है। देसी सिपाहियों में स्वधर्म पर मँडरा रहे संकट के विचारों से असंतोष बढ़ रहा था। कंपनी अब तक पुरानी 'ब्राउन बेस' बंदूकों का प्रयोग कर रही थी। 1857 के शुरुआत से

ही लश्करी (सैनिक) थाने पर नई बंदूकें मँगाई जाने लगीं। इन नई बंदूकों की खासियत यह थी कि ये दूर का निशाना लगा सकती थीं। इंग्लैंड के एनफिल्ड में तैयार होने के कारण उसी नाम से बंदूक का नाम मशहूर हो गया था। हिंदुस्तान में दमदम और अंबाला शहर में भी इस बंदूक का निर्माण कार्य शुरू किया गया, लेकिन उसका पुराना नाम 'एनफिल्ड' ही बरकरार रहा।

इन बंदूकों में कारतूस भरने के लिए उसके ऊपरी हिस्से पर चरबी लगाई जाती थी और यह चरबी दाँतों से निकाली जाती थी। कभी-कभी चरबी का टुकड़ा मुँह में आ जाता था। देसी सिपाहियों में यह बात फैल गई कि यह चरबी गाय अथवा सूअर से निकाली जाती है, फिर तो सारा माहौल ही बदल गया। सिपाहियों में असंतोष की ज्वाला भड़क उठी। हिंदुओं में गाय पूजनीय होती है, इसके विपरीत मुसलिमों में सूअर नापाक।

हमारा धर्म भ्रष्ट करवाकर हमें ईसाई धर्म स्वीकार करने के लिए सरकार मजबूर कर रही है, इसीलिए नई बंदूकें लाई गई हैं—यह धारणा देसी सिपाहियों के मन में पक्की हो गई। लगभग उन्हीं दिनों क्रीमिया में रूस और इंग्लैंड के बीच युद्ध हुआ था। इस लड़ाई की खबरें दिल्ली तक पहुँचने लगीं। दिल्ली के आसपास के साधु, बैरागी और मौलवी, फकीर आदि यात्रा करते हुए गाँवों में पहुँच जाते। वहाँ गाँववासियों को समझाते—"इस युद्ध में इंग्लैंड की विजय हुई है, लेकिन फिरंगियों के असंज्य सैनिक मारे गए हैं। हजारों अंग्रेज महिलाएँ विधवा हो गई हैं। सरकार संकट में पड़ गई है। अब इन विधवाओं का क्या करें ? कुछ अधिकारियों ने इन विधवाओं को हिंदुस्तान भेजने की सलाह दी है। उनकी सलाह के अनुसार, अब इन विधवाओं की शादी हिंदुस्तान के सरदार, रियासतदारों के लड़कों से रचाई जाएगी। इन विवाहों के बाद उनकी संतति ईसाई बन जाएगी। इसका सीधा लाभ ईसाई धर्म को मिलेगा। अब आने वाले दिनों में हिंदुस्तान की सभी रियासतों पर ईसाई धर्मावलंबी लोगों का वर्चस्व बढ़ जाएगा।"

इस प्रचार के फलस्वरूप जनता में विचार-मंथन होने लगा। अब इस संकट का मुकाबला कैसे किया जाए ? गाँवों और फौजी बैरकों में फैलकर यह चर्चा अब अंग्रेज अफसरों के बँगलों तक पहुँचने लगी। अंग्रेज महिला वर्ग में चिंता का माहौल पैदा हो गया।

अंग्रेज पुरुष वर्ग घर में कहने लगे, "बगावत की बातें करना आसान है,

लेकिन बगावत करना इतना आसान नहीं है। देसी सिपाहियों की यह बकवास है। अगर वे बगावत करेंगे तो न घर के रहेंगे न घाट के। बड़े साहब के सामने उनका कोई बस नहीं चलेगा। सबको अपनी नौकरी से हाथ धोना पड़ेगा। डरने की कोई बात नहीं है।''

कुछ अंग्रेज अफ़सर अपने ही भाइयों से नाराज हुए। हिंदुस्तानी लोगों के बारे में कंपनी सरकार बेफिक्र थी। सर चार्ल्स नेपियर को यह नजरिया बिलकुल पसंद नहीं आया। उन्हें हिंदुस्तान की पूरी जानकारी थी। उन्होंने इस देश और जनता को करीब से देखा था, इसीलिए उन्होंने कहा, ''जब कभी असंतोष की ज्वाला भड़क उठेगी, तब उसे बुझाना आसान नहीं होगा। आसमान टूट पड़ेगा, तभी आपको असलियत का पता चलेगा। इस असंतोष का चेहरा भयानक हो सकता है।''

फ्रेडरिक शोअर ने भी इसी बात की ओर इशारा किया था। कलकज़ा से प्रकाशित 'इंडिया गजट' में उसने लिखा—''कंपनी सरकार ने यहाँ के लोगों पर अपने कारोबार से धाक जमा ली है। सरकार का अनुशासन प्रशंसनीय है। इसके बावजूद यहाँ के लोग कंपनी सरकार की सज़ा स्वीकार नहीं करेंगे। वे इस सरकार को विदेशी हुकूमत के नजरिए से देखते हैं, इस सच्चाई को हमें जान लेना चाहिए।''

इस तरह के समाचार पढ़कर जनरल हिअर्से बेकाबू हो जाता था। वह अंगारे बरसाकर कहता, ''मैं यह स्वीकार करता हूँ कि नई बंदूकों से देसी सिपाही नाराज हुए हैं, लेकिन सिर्फ इस बात को लेकर कोई विद्रोह नहीं कर सकता। वे सब कंपनी सरकार को माँ-बाप मानते हैं। मुझे इस बात पर पक्का भरोसा है।''

कोई कंपनी सरकार के पक्ष में बोल रहा था, तो कोई देसी सिपाहियों के पक्ष में।

वह 29 मार्च का दिन था। रविवार की छुट्टी। बैरकपुर की छावनी में चारों तरफ सन्नाटा छाया हुआ था। किसी भी तरह की चहल-पहल नहीं थी। शनिवार की रात में नशीला बॉज डांस हुआ था। हिअर्से की आँखों में रात का खुमार शेष था। वह अपने कार्यालय में डाक देख रहा था। कलकज़ा से प्राप्त एक पत्र ने उसका ध्यान खींच लिया। उसमें लिखा था—

''विभिन्न स्थानों से समाचार मिल रहे हैं। देसी सिपाहियों में असंतोष

बढ़ रहा है। बहरामपुर में कोई हादसा हुआ है। हमें छावनी के हर सिपाही पर कड़ी नजर रखनी चाहिए।''

यह पत्र पढ़कर हिअर्से को हँसी आ गई। वह अपने आप से कहने लगा, 'हमारा बैरकपुर तुज़्हारे बहरामपुर जैसा नहीं है। कलकज़ा के इन विद्वानों को कोई यह समझाए।'

दिन के वक्त हिअर्से आराम फरमा रहा था, तभी एक अंग्रेज सिपाही दौड़ता हुआ अंदर आया। उसने खबर दी, ''सर, एक देसी सिपाही पागल हो गया है। मैदान के बीचोबीच खड़ा होकर सिपाहियों को भड़का रहा है। इस वक्त वह कुछ भी कर सकता है।''

हिअर्से चौंक गया। उसकी पलटन में उसके दो जवान लड़के भी भरती हुए थे। उसने लड़कों को पुकारा, ''चलो, जल्दी तैयार हो जाओ। हमें तुरंत परेड ग्राउंड पर पहुँचना है।'' हिअर्से दोनों लड़कों के साथ परेड ग्राउंड पर जा पहुँचा। वह मैदान का दृश्य देखकर दंग रह गया। उसने पूछा, ''इस सिपाही का नाम क्या है?''

''मंगल पांडे!'' जवाब मिला।

बैरक के सामने खड़े होकर वीर मंगल पांडे अपने साथियों का आह्वान कर रहे थे—''लड़ाई के लिए तैयार हो जाओ। कल रात हमने फैसला किया है। क्या तुम लोग यह बात भूल गए हो?''

इस आह्वान के बावजूद देसी सिपाही अपनी जगह पर शांत खड़े रहे। यह देखकर मंगल पांडे आहत हुए। उन्होंने कहा, ''तुम लोग डरपोक हो, कायर हो। ठीक है, मैं अब स्वयं अकेला दुश्मन से लड़ूँगा।'' हाथ में बंदूक उठाकर मंगल पांडे मैदान में दौड़ने लगे, तभी सार्जेंट मेजर ह्यूस्टन और लेज़्टिनेंट बॉग वहाँ पहुँच गए। उन्हें देखकर मंगल पांडे का खून खौल उठा। बॉग अपना घोड़ा मंगल पांडे के सामने करके आगे बढ़ा।

ह्यूस्टन ने उसे रोका और कहा, ''रुक जाइए! आप उस सिपाही के पास हरगिज मत जाइए। वह पागल हो गया है। वह आप पर किसी भी समय हमला कर सकता है।''

अंग्रेज अधिकारी चतुराई से आगे बढ़ रहा था। यह देखकर मंगल पांडे ने उस पर गोली चला दी। निशाना गलत लगने से वह गोली बॉग के घोड़े को जा लगी। ह्यूस्टन सावधान होकर मंगल पांडे पर निशाना साधते हुए खड़ा हुआ,

लेकिन मन-ही-मन डर गया था। वह निशाना नहीं लगा सका। पांडे ने कमर की तलवार खींचकर बॉग की गरदन और कंधे पर वार कर दिया। उसके बाद ह्यूस्टन के माथे पर बंदूक के दस्ते से वार किया। अकेले मंगल पांडे ने दो अंग्रेज अधिकारियों का मुकाबला किया, तभी पांडे की ओर उनका साथी सिपाही शेख पलटू दौड़ा। पांडे अपने साथी को देखकर असावधान स्थिति में खड़े रहे। पांडे की सहायता करने के बजाय शेख पलटू ने उनको पीछे से पकड़ लिया।

शेख पलटू बलवान और ऊँची कदकाठी का सिपाही था। मंगल पांडे के दोनों हाथ जकड़ लिये गए थे। वे कुछ नहीं कर पा रहे थे। कुछ देर बाद पांडे ने पलटू का पाश ढीला किया। अब वे बॉग और ह्यूस्टन का पीछा करने लगे। शेख पलटू ने अपने सहकर्मी सिपाही को धोखा दिया था। यह देखकर सभी देसी सिपाही संतप्त हुए। वे अब पलटू पर पत्थर और जूते फेंकने लगे। पलटू यह देखकर डर गया। वह जान बचाकर मैदान से भाग निकला।

तब तक कर्नल ह्वीलर वहाँ पहुँच गया। हमेशा की तरह गर्जना करके उसने आदेश दिया, ''पांडे को पकड़कर मेरे सामने खड़ा कर दो।''

इस आदेश पर सभी सिपाही अपनी जगह चुपचाप खड़े रहे। अपने आदेश की अवहेलना देखकर ह्वीलर ने मैदान छोड़ दिया। ब्रिगेडियर चार्ल्स ग्रांट ने भी यही आदेश दिया, लेकिन उसका आदेश भी नजरअंदाज कर दिया गया। हिअर्से ने दूसरा रास्ता अपनाया। उसने पास खड़े जमादार ईश्वरी पांडे पर पिस्तौल का निशाना लगाया और हुक्म दिया, ''मैं क्विक मार्च करूँगा, तब तुम उस सिपाही पर हमला करोगे। उसे पकड़कर मेरे सामने खड़ा करना होगा। अगर तुम यह काम नहीं करोगे तो मैं तुझें गोली मार दूँगा।''

मंगल पांडे शत्रु के हाथों नहीं मरना चाहते थे। उन्होंने स्वयं पर गोली चला दी। उन्हें तुरंत फौजी अस्पताल में दाखिल किया गया। सप्ताह भर बाद उन पर मुकदमा दायर किया गया और 8 अप्रैल, 1857 को उन्हें फाँसी दे दी गई।

1857 की क्रांति के कारण

प्रत्येक कार्य का कुछ-न-कुछ कारण होता है। यह सही है कि तूफान आने से पहले प्राकृतिक वातावरण कुछ शांत दिखलाई पड़ता है। लॉर्ड डलहौजी की दृष्टि में समस्त भारतवर्ष बिलकुल शांत था। उसका खयाल था कि वर्षों तक भारत में कोई उपद्रव नहीं होगा, लेकिन यह शांति नहीं बल्कि क्रांति के आगमन की परिचायक थी।

1857 में देश की राजनीतिक, आर्थिक, सांस्कृतिक और धार्मिक अवस्था जर्जर हो चुकी थी। लोग तबाह हो रहे थे। भारतीय सैनिक कंपनी राज की दुर्नीति के चलते परेशान थे। भारतीय राजा-महाराजा हतोत्साहित हो गए थे और कंपनी शासन को ध्वस्त करने की ताक में थे।

देखते-ही-देखते समस्त घटनाओं ने 1857 में क्रांति का स्वरूप ग्रहण कर लिया। 1857 की क्रांति के प्रमुख कारण निम्नलिखित थे—

(अ) राजनीतिक कारण

कंपनी के दुर्व्यवहार से भारत के अधिकांश राजा-महाराजा असंतुष्ट हो चले थे। सन् 1600 में कंपनी केवल हिंदुस्तान में व्यापार करने के इरादे से बनी थी, बाद में इसकी महत्त्वाकांक्षा बढ़ती गई। भारत की राजनीतिक दुर्व्यवस्था से लाभ उठाकर कंपनी ने भारतीय राजनीतिक मामलों में हस्तक्षेप करना शुरू कर दिया। सन् 1707 में औरंगजेब की मृत्यु के बाद मुगल साम्राज्य बिखरने लगा। अन्य रियासतें भी स्वतंत्र हो गईं। तात्पर्य यह कि राजनीतिक दृष्टिकोण से भारत दुर्बल हो गया। मजबूत केंद्रीय सरकार के न रहने के कारण बिखराव अधिक बढ़ने लगा।

कंपनी इस मौके से लाभ उठाने लगी। कुछ राजाओं ने मन-ही-मन कंपनी

की इस नीति का विरोध किया। सन् 1757 के बाद तो अंग्रेज भारतीय राजनीति पर हावी हो गए। उन्होंने सन् 1757 में प्लासी के युद्ध में सिराजुद्दौला को हराया और अपनी राजनीतिक सज़ा प्रारंभ कर दी।

सन् 1764 में अंग्रेज़ों ने मुगल सम्राट् आलमगीर द्वितीय को बक्सर युद्ध में पराजित कर कैद कर लिया। देसी राजाओं के अधिकारों का अंत कर उनका शोषण प्रारंभ कर दिया। अवध की बेगमों के साथ कंपनी के शासकों ने दुर्व्यवहार किया। इसके अलावा मराठा शक्ति को दबा दिया गया। तंजौर और कर्नाटक के हिंदू राजवंशों का अंत कर दिया गया। झाँसी, नागपुर, उदयपुर, संभलपुर, सतारा आदि के राज्य ब्रिटिश साम्राज्य में सज्मिलित कर लिये गए।

लॉर्ड डलहौजी साम्राज्यवादी गवर्नर जनरल था। उसकी इच्छा भारतवर्ष में पूर्णत: अंग्रेज़ी सज़ा की वृद्धि करनी थी। उसने बल प्रयोग कर पंजाब, सिक्किम एवं बर्मा के दक्षिणी भाग को जीत लिया। ईस्ट इंडिया कंपनी ने भारतीय राजाओं को मिलाने के लिए अनेक तरीके अपनाए।

(1) **निरंकुश रवैया**—निरंकुश रवैया अपनाते हुए सतारा, नागपुर, झाँसी, संभलपुर, जौनपुर, बघात एवं उदयपुर को कंपनी राज में मिला लिया गया। भ्रष्टाचार और कुशासन का बहाना बनाकर अवध और बरार को हड़प लिया गया तथा पेंशन और पद को समाप्त कर तंजौर और कर्नाटक को कंपनी राज में सज्मिलित कर लिया गया। लॉर्ड डलहौजी की इस हड़प नीति का विरोध हुआ, पर सुननेवाला कौन था?

अंग्रेज़ों की शासन प्रणाली भ्रष्ट हो चली थी। लोग असंतुष्ट हो गए थे। अंग्रेज पदाधिकारी लुटेरे, घूसखोर और अत्याचारी थे। उन्होंने भारतीयों की समस्याओं को समझने का कोई प्रयास नहीं किया, बल्कि उलटे उनका अपमान करने लगे। लगान वसूली में भी किसानों के साथ दुर्व्यवहार किया जाता था। न्याय व्यवस्था प्राय: समाप्त हो गई थी। तात्पर्य यह कि भारतीय जनता अंग्रेज़ी शासन से तबाह हो चली थी।

कुछ सामंतों को अंग्रेज़ों ने अच्छा पद दे दिया था। उन्हें जागीरें भी मिली थीं। उन्हें अनेक विशेषाधिकार भी मिले हुए थे, लेकिन देसी राज्यों के ध्वस्त हो जाने से उच्च वर्ग के लोगों की स्थिति पर भी बड़ा घातक प्रहार हुआ। फलस्वरूप सरदार, सामंत और जागीरदार, हिंदू और मुसलमान सरकार के विरोधी बन गए।

(2) अवध का ब्रिटिश साम्राज्य में मिलाया जाना—अवध में नवाब वाजिद अली शाह का शासन था। लखनऊ उसकी राजधानी थी। अवध का नवाब सन् 1765 से ही अंग्रेजों का वफादार था। वफादारी के बावजूद वह अंग्रेजों की गिद्ध दृष्टि का शिकार हुआ। 13 फरवरी, 1856 को कुशासन का बहाना बनाकर अवध राज्य को अंग्रेजी साम्राज्य में मिला लिया गया। बंगाल की सेना में बहुत से अवध निवासी सिपाही थे। वे यह जानकर कि अवध राज्य को तहस-नहस कर दिया गया, आग बबूला हो गए। इस संबंध में मेलसन ने लिखा है कि अवध को अंग्रेजी राज्य में मिलाए जाने और वहाँ पर नई पद्धति शुरू किए जाने से मुसलिम कुलीन वर्ग, सैनिक वर्ग, सिपाही और किसान अंग्रेजों के विरुद्ध हो गए तथा अवध असंतोष का प्रमुख केंद्र बन गया।

देसी रियासतों को अंग्रेजी साम्राज्य में मिलाने की आलोचना करते हुए इतिहासकार लुडली ने लिखा है—"निश्चय ही भारत में कोई ऐसा व्यक्ति नहीं था, जो हमारे विलीनीकरण की नीति के चलते हमारा शत्रु न बना हो।"

(3) बहादुरशाह के साथ अंग्रेजों का दुर्व्यवहार—कंपनी की स्थापना और व्यापार करने का अधिकार मुगल सम्राटों की कृपा का फल था। वे उन्हें जब चाहते अधिकार पत्र दे देते। शुरू में अंग्रेज मुगलों का बड़ा अदब करते थे। कंपनी के सिक्कों पर भी मुगल सम्राट् का नाम लिखा रहता था। समय-समय पर वे उन्हें भेंट भी दिया करते थे, पर डलहौजी ने मुगल सम्राट् की उपाधि को खत्म करने का निश्चय किया। बहादुरशाह के बड़े पुत्र मिर्जा खाँ बज्त को युवराज मानने से इनकार कर दिया, क्योंकि वह अंग्रेजी सरकार का विरोधी था। लॉर्ड डलहौजी ने षड्यंत्र द्वारा बहादुरशाह के छोटे बेटे मिर्जा कोयाश को युवराज बना दिया। कोयाश ने अपमानजनक शर्तें स्वीकार कर लीं, जैसे— (1) तुझे बादशाह के स्थान पर केवल शहजादा कहा जाएगा। (2) तुझे दिल्ली का लाल किला खाली करना पड़ेगा। (3) एक लाख मासिक के स्थान पर तुझे 15 हजार रुपए मासिक खर्च के लिए मिला करेंगे।

बहादुरशाह को लाल किला खाली करने का आदेश दिया गया। बहादुरशाह को ठेस पहुँची और वे तथा उनके अनुयायी अंग्रेजों के विरोधी बन गए।

(4) नाना साहब के साथ अन्याय—पेशवा बाजीराव की मृत्यु के बाद उनके उत्तराधिकारी नाना साहब धुंधूपंत को पेंशन देना बंद कर दिया गया। यही नहीं, बाजीराव की 62 हजार बाकी पेंशन भी नहीं दी गई। इसके अलावा

नाना साहब को बिठूर छोड़ने का भी आदेश दिया गया, पर नाना साहब ने इसे मानने से इनकार कर दिया। अपनी पेंशन के लिए नाना साहब ने अपने प्रतिनिधि अजीमुल्ला खाँ को इंग्लैंड भेजा, पर इससे कोई लाभ नहीं हुआ। फलस्वरूप नाना और उनके अनुयायी अंग्रेज सरकार के खिलाफ हो गए।

(5) क्रीमिया तथा अफगानिस्तान के युद्धों का प्रभाव—सन् 1841 में क्रीमिया युद्ध में अंग्रेजों की हार हुई। लोग अब समझने लगे कि संगठित होकर अंग्रेजों को भी परास्त किया जा सकता है। क्रीमिया युद्ध ने भारतीयों में नए उत्साह का संचार किया।

(6) दासता से मुक्ति की तीव्र इच्छा—भारतीय अंग्रेजी शासन से परेशान हो चुके थे। उनमें गुलामी से मुक्त होने की इच्छा जागने लगी। सन् 1806 में अंग्रेजों के विरुद्ध भारतीय सैनिकों ने वैल्लोर में विद्रोह किया था। पहले कंपनी खुद को सम्राट् का दीवान कहती थी और अपना दबदबा कायम रखती। जब कंपनी ने मुगल सम्राट् की उपाधि समाप्त कर दी, समस्त देसी राजाओं के राज्य हड़प लिये तो लोग यह समझ गए कि कंपनी अपना राज कायम कर चुकी है। लोग कंपनी के शासन के विरुद्ध तैयार होने लगे।

(आ) सामाजिक कारण

अंग्रेज सरकार ने भारतीयों की सामाजिक व्यवस्था पर भी कुठाराघात करना शुरू कर दिया था। वे स्वयं को सर्वश्रेष्ठ और अंग्रेजी सज्यता को सुंदरतम संस्कृति मानते थे। वे भारतीयों पर अंग्रेजी सज्यता और शिक्षा लादने लगे। उनका कहना था कि भारतीय असज्य एवं बर्बर हैं। उनका सुधार करना उन्हीं का दायित्व है। इसे 'व्हाइट मैंस बर्डेन थ्योरी' कहते थे। अंग्रेज सरकार ने अपनी सज्यता और संस्कृति भारतीय जनता पर लादने की कोशिश की। भारत की जनता इसे स्वीकार करना नहीं चाहती थी। उसकी धारणा बनी कि अंग्रेज उसकी सज्यता और संस्कृति को नष्ट करने का प्रयास कर रहे हैं।

लॉर्ड विलियम बेंटिक ने राजा राममोहन राय के प्रभाव के चलते वर्षों से चली आ रही सती प्रथा का अंत कर दिया। ज्ञातव्य है कि इस प्रथा में विधवाओं को उनके पतियों के मरने के बाद सती होने के लिए बाध्य किया जाता था। बाल-विवाह के खिलाफ भी कानून बनाया गया। लॉर्ड डलहौजी ने विधवा पुनर्विवाह विधेयक पारित किया। रूढ़िवादी भारतीय इस सुधार को मानने के

लिए तैयार नहीं थे। उन्हें भय हुआ कि धीरे-धीरे अंग्रेज उनकी सारे सामाजिक रीति-रिवाजों को समाप्त कर देंगे। यहाँ तक कि डलहौजी द्वारा शुरू की गई रेल सेवा का भी बहुत लोगों ने विरोध किया। इससे सामाजिक उथल-पुथल मची, जो क्रांति का प्रमुख कारण बनी।

(इ) धार्मिक कारण

अंग्रेजों ने केवल भारतीयों की सामाजिक व्यवस्था में ही हस्तक्षेप नहीं किया, बल्कि धार्मिक कार्यों में भी दखल देना शुरू कर दिया था। आदमी धर्म को सबसे अधिक मानता है। जब कोई किसी के धार्मिक मामलों में अनावश्यक हस्तक्षेप करता है तो लोग उसका डटकर विरोध करते हैं।

अंग्रेजों ने हिंदू उज़राधिकार कानून में भी ऐसे परिवर्तन कर दिए थे कि हिंदू के ईसाई धर्म ग्रहण करने के बाद भी उस व्यक्ति का अपनी पैतृक संपत्ति में भाग बना रहेगा। अंग्रेज अधिक-से-अधिक भारतीयों को ईसाई बनाने लगे। अनेक पादरी भारत के हर भाग में घूम-घूमकर ईसाई धर्म का प्रचार करने लगे। जो भारतीय ईसाई बनते, उन्हें सरकार की ओर से सुविधाएँ दी जातीं। सरकार चाहती थी कि भारत में पूर्णत: ईसाई धर्म का प्रचार हो। भारतीय जब ईसाई होंगे तो वे धर्म के नाम पर अंग्रेज सरकार का ही समर्थन करेंगे। इसलिए अंग्रेजों ने भारत को उसी तरह बनाने की कोशिश की जैसे स्पेनवासियों ने अपनी विजय के बाद दक्षिणी अमेरिका को बनाना चाहा था। ईस्ट इंडिया कंपनी के अध्यक्ष मैंगल्स ने सन् 1857 में ब्रिटिश संसद् में कहा था—

"परमात्मा ने हिंदुस्तान का विशाल साम्राज्य इंग्लैंड को सौंपा है, इसलिए ताकि हिंदुस्तान के एक सिरे से दूसरे सिरे तक ईसा मसीह की विजय-पताका फहराने लगे। हममें से हर एक को अपनी पूरी शक्ति इस काम में लगा देनी चाहिए, ताकि सारे भारत को ईसाई बना लेने के महान् कार्य में देश भर में कहीं पर किसी कारण जरा भी ढील न होने पाए।"

साधारण लोगों को ईसाई बनाने के अलावा सरकार ने देसी सैनिकों के बीच भी ईसाई धर्म का प्रचार कराना शुरू कर दिया। इस कार्य के लिए पादरी नियुक्त किए गए। इतिहासकार नालेन ने लिखा है—

"अंग्रेज सरकार सिपाहियों की धार्मिक भावनाओं की अवहेलना करने लगी और बात-बात पर उनके धार्मिक नियमों का उल्लंघन किया जाने लगा।

यहाँ तक कि कंपनी की सेना के अनेक अंग्रेज अफसर खुले तौर पर अपने सिपाहियों का धर्म परिवर्तन करने के काम में लग गए।''

इसकी चर्चा करते हुए बंगाल की पैदल सेना के एक अंग्रेज कमांडर ने सरकारी रिपोर्ट में लिखा है—''मैं लगातार 28 सालों से भारतीय सिपाहियों को ईसाई बनाने की नीति पर अमल करता रहा हूँ।''

विद्रोह के कारणों की एक जाँच-रिपोर्ट में एक अंग्रेज विद्वान् ने लिखा—''सन् 1857 की शुरुआत में भारतीय सेना के बहुत से कर्नल सैनिकों को ईसाई बनाने के अत्यंत पैशाचिक और दुष्कर कार्य में लिप्त पाए गए। उसके बाद यह पता चला कि इन जोशीले अफसरों में से अनेक न रोजी के खयाल से फौज में भरती हुए थे, न इसलिए भरती हुए थे कि फौज का काम उनकी प्रकृति के सबसे अनुकूल था, बल्कि उनका एकमात्र उद्देश्य यही था कि इसके जरिए लोगों को ईसाई बनाया जाए।''

धीरे-धीरे इन धर्म प्रचारक कर्नलों ने सिपाहियों को रिश्वतें दे-देकर उन्हें ईसाई बनाना शुरू किया और ईसाई बनने वालों को तरक्की तथा दूसरे इनामों का भी लालच दिया। अन्य भारतीय सिपाहियों ने ऐसे प्रलोभन का विरोध किया। इसका नतीजा यह हुआ कि भारतीय सिपाहियों में असंतोष फैलने लगा।

ईसाई धर्म प्रचारकों को काफी पैसा दिया जाता था। धर्म प्रचारक मूर्ति पूजा की निंदा करते थे। वे हिंदुओं के देवी-देवताओं की खिल्ली उड़ाते और खुलेआम हिंदू-मुसलिम धर्मों की निंदा करते थे। स्वाभाविक था कि इस तरह के अभियान से हिंदू-मुसलमान के बीच क्षोभ का भाव बढ़ता जा रहा था।

अंग्रेजों के प्रलोभन के चलते अधिक संख्या में लोग ईसाई बनने लगे। विद्यालयों में बाइबिल की पढ़ाई शुरू हो गई। अंग्रेज समझ रहे थे कि हिंदुओं की धार्मिक एवं सांस्कृतिक भावना को नष्ट करने में ही उनका अधिक हित है। विजेता राष्ट्र हमेशा विजित राष्ट्र पर अपनी संस्कृति लादने का प्रयास करता है। एक भारतीय विद्वान् ने 'सन् 1857 की क्रांति की पृष्ठभूमि' शीर्षक लेख में लिखा है—''अंग्रेज राजनीतिज्ञ यह भली प्रकार जान गए थे कि किसी भी जाति या राष्ट्र को सदियों तक पराधीन बनाए रखने के लिए यह आवश्यक है कि उसकी जनता के हृदय से राष्ट्रीय स्वाभिमान, उसकी श्रेष्ठता, प्राचीनता के गौरव की प्रवृत्ति तथा अनुभूति सर्वथा नष्ट कर देनी चाहिए। अन्य जिन देशों में वे गए, उन्हें जंगली, असभ्य एवं अशिक्षित बताकर उनका अपमान किया

और उनकी खिल्ली उड़ाई, परंतु भारत की स्थिति उनसे सर्वथा भिन्न थी। यहाँ की संस्कृति, साहित्य, इतिहास तथा धार्मिक श्रेष्ठता इतनी प्राचीन और महान् थी कि उसे सहसा कुचल देना संभव नहीं था। सच तो यह है कि इन सबके प्रति सर्वसाधारण की जो अनुभूति थी और अंग्रेजों ने उन्हें मिटाने का जो प्रयत्न किया था, वह सन् 1857 की क्रांति का एक प्रधान कारण था।''

अंग्रेज भारतीयों की दृढ़ता से शायद परिचित नहीं थे। उनकी यह भूल थी कि वे अपनी शक्ति के समक्ष भारतीय संस्कृति और धर्म को रौंद देंगे। विनायक दामोदर सावरकर ने अपनी पुस्तक 'भारत का प्रथम स्वातंत्र्य समर' में लिखा है—''हमारे इस महान् वैभवशाली देश को काले रंगों में चित्रित करने का प्रयास चाहे जितना भी किया जाए, जब तक चिज़ौड़ के वीरों और पंजाब की महान् गुरु परंपरा में गुरु गोविंद सिंह का नाम हमारे इतिहास के पन्नों में स्वर्णाक्षरों में अंकित है, तब तक भारतवर्ष के सपूतों के रोम-रोम से स्वधर्म तथा स्वराज्य का अमर संगीत मुखरित होता रहेगा।''

स्वराज्य की स्थापना की घोषणा में दिल्ली के सम्राट् ने कहा था, ''हे भारत के सपूतो, यदि हम दृढ़ निश्चय कर लें तो हमें शत्रु के विनाश में कुछ भी समय नहीं लगेगा। हम शत्रुओं का विनाश करेंगे और अपने धर्म तथा अपने देश को, जो हमें जीवन से भी प्रिय है, भय-मुक्त करेंगे।''

हिंदुस्तानी लोगों ने यह सिद्ध कर दिया कि वे मौका आने पर अपना सिर कटा सकते हैं, झुका नहीं सकते। भारत संतों-ऋषियों की परंपरा में अविरत रूप से चलता रहा है। लगभग तीन सौ वर्ष पहले संत कवि रामदास ने मराठों को यही महामंत्र दिया था—

''अपने धर्म के लिए मरो। मरते-मरते शत्रु का विनाश करो। इसी तरह लड़ते रहो तथा अपना राज्य वापस ले लो।''

अंग्रेजों के अत्याचार के कारण अनेक लोग उनके विरोधी हो गए।

(ई) सैनिक कारण

सन् 1857 की क्रांति का प्रमुख कारण सैनिकों में असंतोष था। भारतीय सैनिकों को तरह-तरह से परेशान किया जाता था। उनका वेतन अंग्रेज सैनिकों से कम होता था। युद्ध में आगे भारतीय सैनिकों को रखा जाता, जिससे वे ही पहले मरें। इसके अलावा अंग्रेज विजयी होने पर केवल उन्हें कुछ मीठे शब्दों

द्वारा प्रोत्साहित करते थे। इसके विपरीत अपने गोरे सैनिकों को इनाम देते थे। मराठा राज्य में यह नियम था कि कोई युद्ध सैनिक जीते तो उन्हें भी जागीर दे दी जाती थी। इससे सैनिकों का मनोबल बहुत बढ़ता था।

मूल कारण अंग्रेजी सरकार द्वारा सैनिकों का अपमान और उनकी धार्मिक भावनाओं पर कुठाराघात करना था।

बहुत से भारतीय सैनिक समुद्र पार जाना धर्म के विरुद्ध समझते थे। सरकार ने सन् 1856 में 'जनरल सर्विस इनफिस्टमेंट ऐक्ट' पारित किया। इसके तहत व्यवस्था थी कि सेना में केवल उन्हीं को भरती किया जाएगा, जो सर्वदा सभी जगह जाने के लिए तैयार रहेंगे। यही नहीं, कुछ ऐसे नियम पारित किए गए, जिनसे भारतीय सैनिकों की भावनाओं पर आघात हुआ। सेना में हिंदू तिलक नहीं लगा सकते थे, टोपी नहीं पहन सकते थे। मुसलमानों के लिए दाढ़ी-मूँछ रखना वर्जित था।

सन् 1856 में सेना का विभाजन भी उचित नहीं था। उस समय भारतीय सैनिकों की संख्या दो लाख तैंतीस हजार थी और अंग्रेजों की संख्या केवल छियालीस हजार। कई स्थानों पर केवल भारतीय सैनिक ही थे। इन दोनों के बीच मात्र दानापुर में ब्रिटिश रेजिमेंट थी।

देसी राज्यों को कंपनी राज में मिला लिया गया था। इससे बहुत से देसी राजाओं के सैनिक बेरोजगार हो गए थे। अवध में ही 40 हजार सैनिक बेरोजगार हो गए थे। क्रांति के समय ऐसे सैनिकों ने विद्रोहियों का साथ दिया।

इसके अलावा तात्कालिक कारण सैनिकों को चरबीयुक्त कारतूस के प्रयोग का आदेश था। अफवाह यह फैली कि गाय और सूअर की चरबी से कारतूस बनाए गए थे। इसे दाँत से काटकर प्रयोग किया जाता था, जिससे हिंदू और मुसलमान दोनों भड़क उठे। 29 मार्च, 1857 को अमर शहीद मंगल पांडे ने क्रांति का बिगुल बजा दिया।

□

1857 का राष्ट्रीय आंदोलन

सन् 1857 का विप्लव आधुनिक भारतीय इतिहास का एक स्थायी विवादग्रस्त विषय बन गया है। इस विवाद को खड़ा करने का श्रेय भारतीय इतिहासकारों को नहीं, स्वयं अंग्रेज शासकों और इतिहासकारों को जाता है। सरकारी व्याख्या के अनुसार, सन् 1857 का विद्रोह बंगाल की भारतीय सेना का विद्रोह मात्र था, जो कई कारणों से कंपनी के रवैए को लेकर क्षुब्ध थे। अतः इसे विदेशी शासकों के प्रति जनसाधारण व आक्रोश के रूप में देखना सर्वथा अनुचित है। उन्नीसवीं शताब्दी के अधिकांश अंग्रेज इतिहासकारों ने इसी व्याख्या को तथ्यों के आधार पर प्रस्तुत करने का प्रयास किया है। ध्यान देने की बात यह है कि ये सब तथ्य वे हैं, जिन्हें अंग्रेज सैन्य अधिकारियों और नौकरशाहों ने अपने विवरणों व वक्तव्यों में छोड़ा है।

तथ्यों के इस पिटारे में भारतीय पक्ष से कोई भी तथ्य शामिल नहीं है। 1857-58 के दौरान अंग्रेजों के पाशविक प्रतिशोध से जनमे आतंक ने भारतीयों के होंठ बंद कर दिए। इस आतंक को झेलने का दुस्साहस किसी शिक्षित भारतीय ने नहीं दिखलाया। एक-दो विवरण यदि दिए भी गए हैं तो उनका एकमात्र उद्देश्य विदेशी प्रभुओं का कृपापात्र बनना था, उनके दंड से स्वयं को बचाना था। गालिब की डायरी इसका उदाहरण है। जाहिर है कि विजेता की इतिहास-दृष्टि वही नहीं होती है, जो विजित की होती है, इसीलिए तथाकथित सैनिक विद्रोह में अंग्रेज अफसरों और इतिहासकारों ने जनसाधारण की उपस्थिति को या तो पूरी तरह नकार दिया था या उसे महत्त्वहीन माना है। इस साम्राज्यवादी इतिहास-दृष्टि की विस्तृत अभिव्यक्ति टी. टाइम्स होज्स की पुस्तक 'हिस्ट्री ऑफ इंडियन ज्यूटिनी' में हुई है। इस पुस्तक की लोकप्रियता इस बात से जानी जा सकती है कि 1883-98 के बीच इसके पाँच संस्करण

प्रकाशित हुए। होज़्स की तरह उज़र-पश्चिम प्रांतों की रक्षा में व्यस्त विलियम ज़्यूर का भी अगाध विश्वास था कि 1857 का विद्रोह 'सरकार और सैनिकों के बीच एक संघर्ष था, जनता और सरकार के बीच नहीं।' एलेक्जेंडर ने भी अपने इतिहास ग्रंथ में महज सरकारी व्याज़्या का प्रतिपादन किया है। ये इतिहासकार इस बात को दोहराते नहीं थकते कि जो असैनिक विद्रोह में शामिल हुए, वे फैली हुई अशांति का लाभ उठाकर अपने तुच्छ निजी स्वार्थों की पूर्ति के लिए मैदान में उतरे थे। उनका वहाँ होना सरकार के प्रति रोष था, विरोध का प्रमाण नहीं था। होज़्स के शज़्दों में—"भारत में बेदखल किए गए ताल्लुकदार, भू-स्वामी, गुर्जर और बदमाशों ने सरकार की कमजोरी का पहला चिह्न देखते ही उसे अपनी स्वार्थी प्रवृज़ियों को संतुष्ट करने का संकेत मान लिया।"

जॉन के. ने 'हिस्टरी ऑफ सिपॉय वार' में 1857 को केवल सैनिक विद्रोह घोषित करनेवालों के समक्ष कुछ चुनौती भरे प्रश्न खड़े कर दिए। 1857 को उन्होंने 'ब्राह्मणों के प्रतिरोध' के रूप में देखा है, अर्थात् 1857 का कोई राजनीतिक या आर्थिक पक्ष नहीं था। यह अंग्रेजों द्वारा हिंदू समाज में लाए गए क्रांतिकारी सामाजिक परिवर्तनों के प्रति प्रतिरोध था। जिन अंधविश्वासों पर ब्राह्मण पुरोहित वर्ग की सज़ा टिकी थी। उसके लिए पाश्चात्य शिक्षा ने एक खतरे का रूप ले लिया था। उन्हें आशंका थी कि हिंदू समाज पर ईसाइयत का चोंगा चढ़ा दिया जाएगा। ब्राह्मणों ने अपने वर्ग हितों की रक्षा के लिए धर्म रक्षा के नाम पर जनसाधारण ही नहीं, अभिजात वर्ग की भी धार्मिक भावनाओं को उद्वेलित कर उन्हें सरकार विरोधी बना दिया।

जॉन के. की तरह पालिसन अपनी पुस्तक 'द ज़्यूटिनी ऑफ द बंगाल आर्मी' में इसे केवल एक सैनिक विद्रोह की संज्ञा देने को राजी नहीं हैं। उनकी दृष्टि में 1857 का विद्रोह सैनिकों के रेजिमेंट के ऊपर और उससे परे कुछ चुने हुए नेताओं के एक सुनिश्चित षड्यंत्र का परिणाम था। यह षड्यंत्र फैजाबाद के मौलवी अहमदुल्लाह, नाना साहब और झाँसी की रानी ने मिलकर रचा था। चूँकि यह निश्चित समय से पहले आरंभ हो गया, इसलिए सफल नहीं हो सका।

1857 को षड्यंत्र के परिणाम के रूप में अल्फ्रेड लायल ने भी देखा, किंतु इसका श्रेय नाना साहब, झाँसी की रानी आदि को देकर वे मुसलमानों

को भी देते हैं। ताल्लुकेदारों के प्रति कंपनी की नीति, अवध पर कंपनी का कज्जा तथा कंपनी के साम्राज्य विस्तार—इन सबसे अधिक हानि मुसलिम अभिजात वर्ग को पहुँची। ऊँचे ओहदों पर बैठने वाले लोग अब नौकरी को तरसने लगे थे। कंपनी सरकार के ऊँचे ओहदों पर अंग्रेजों का एकाधिकार था। अन्य सज्जनानजनक नौकरियाँ पाने के लिए पाश्चात्य शिक्षा चाहिए थी, जो उनके पास नहीं थी। सरकारी संरक्षण में ईसाई धर्म प्रचारकों को, जिन्हें खुली छूट और सुविधाएँ मिल रही थीं, इससे भी मुसलिम समुदाय आतंकित हो उठा था। उन्हें अपनी धार्मिक अस्मिता पर खतरा मँडराता नजर आने लगा। अगस्त 1857 के अपने एक खत में अल्फ्रेड लायल ने अपने पिता को लिखा—"सारा विद्रोह एक बड़ा मुसलिम षड्यंत्र है और सैनिक मुसलमानों के उपकरण मात्र हैं।"

कई अंग्रेज अफसर लायल के इस विचार से सहमत थे। मेरठ डिवीजन के कमिश्नर ने दर्ज किया—"खुशी की बात है कि मुसलिम नेता जनसाधारण का सहयोग पाने में असफल रहे हैं और हिंदू विद्रोहियों की जोरदार शिकायत है कि उनके साथ बड़ा धोखा किया गया है। यह सब इस बात का संकेत है कि विद्रोह का वातावरण बंगाल की सेना ने भले ही बनाया हो, इसके असली संचालक मुसलमान थे।"

अपने इस आपसी मतभेद के बावजूद किसी अंग्रेज अधिकारी या इतिहासकार ने कभी यह मत जाहिर नहीं किया कि 1857 का विद्रोह भारतीयों का स्वतंत्रता संग्राम था या सैनिकों से परे यह एक जन आंदोलन भी था। ऐसी स्वीकृति से उनके साम्राज्यवादी गौरव को ठेस पहुँचती और अमानवीय साम्राज्यवादी शोषण का चेहरा बेनकाब हो जाता। वे केवल इतना भर स्वीकार करने को तैयार थे कि विद्रोह शासन की कुछ गलतियों और प्रशासकों के कुछ गलत व्यवहार का परिणाम था। कंपनी की आर्थिक तथा राजनीतिक नीतियों से इसका कोई वास्ता नहीं था। उन्हें यह विश्वास था कि इन गलतियों को सुधारने मात्र से ही साम्राज्य की जड़ें सुरक्षित हो जाएँगी, क्योंकि जनसाधारण की निष्ठा उनके पक्ष में है।

खेद की बात तो यह है कि भारतीय इतिहासकारों ने उसी चश्मे से 1857 को देखा है, जिस चश्मे से साम्राज्यवादी इतिहासकारों ने इसे देखा था। इन्हें भी इसमें विदेशी दासता से मुक्ति की अभिलाषा या सरकारी नीतियों के

खिलाफ जन-आक्रोश की अभिव्यक्ति के कोई चिह्न नजर नहीं आते हैं। जब तर्क साम्राज्यवादियों के हों तो निष्कर्ष भारतीयों के कैसे हो सकते हैं? 1857 के संदर्भ में साम्राज्यवादियों की भाषा बोलने वाले अनेक भारतीय इतिहासकारों में सर्वप्रमुख रमेशचंद्र मजूमदार हैं। उन्हें इस बात का दंभ है कि इन्होंने स्वतंत्र भारत की सरकार की मनोकामना की उपेक्षा करते हुए 1857 के विद्रोह की निष्पक्ष जाँच की है और इस पड़ताल के माध्यम से वे इस निष्कर्ष पर पहुँचे हैं कि 1857 को स्वतंत्रता संग्राम की संज्ञा देना सर्वथा अनुचित है। मजूमदार की तथाकथित निष्पक्षता केवल इस बात तक सीमित है कि इन्होंने होज़्स और वॉल जैसे साम्राज्यवादी इतिहासकारों के तर्कों और निष्कर्षों पर अपनी व्यंग्य भरी भाषा और शैली का जामा पहनाकर प्रस्तुत किया है। उन्होंने हर तरह के तर्क से इस निष्कर्ष की पुष्टि की है कि 1857 केवल एक सैनिक विद्रोह था। संक्षेप में उनके तर्क निज़्नलिखित हैं—

1. 1857 के संघर्ष में कोई केंद्रीय नेतृत्व नहीं था। नाना साहब, लक्ष्मीबाई या बहादुरशाह जिन्हें स्वतंत्रता संग्राम के नेता के रूप में प्रस्तुत किया जाता है, उन पर नेतृत्व सैनिकों द्वारा थोपा गया था। सैनिकों के बल-प्रदर्शन के आगे वे इसे स्वीकार करने के लिए विवश थे। बहादुरशाह के नेतृत्व की वास्तविकता यह थी कि लाल किले में जमे सैनिक उन्हें 'अरे बुड्ढे', 'अरे बादशाह' कहकर संबोधित करते थे। उनके कंधे या दाढ़ी पर हाथ लगाने से नहीं झिझकते थे। ये नेता संग्राम का संचालन नहीं कर रहे थे। इनको संचालित करनेवाली डोर सैनिकों के हाथों में थी।
2. कोई भी राष्ट्रीय संग्राम बिना किसी केंद्रीय संगठन के नहीं चलाया जा सकता। 1857 के विद्रोह में किसी ऐसे संगठन के होने के प्रमाण नहीं मिलते हैं।
3. बिना किसी पूर्व योजना के राष्ट्रीय संग्राम संभव नहीं है। विद्रोह से पहले इसके नेता आपस में मिले हों या पत्रों का आदान-प्रदान किया हो—इसका कोई प्रमाण नहीं मिलता है। इस बात का भी प्रमाण नहीं मिलता कि इन लोगों ने सज़्मिलित रूप से कोई योजना बनाई थी या कोई षड्यंत्र रचा था।
4. विद्रोह में राष्ट्रीय एकता का नामोनिशान नहीं था। कई जगह हिंदू-

मुसलमानों के बीच सांप्रदायिक दंगे हुए। इन दंगों के कारण बरेली जैसे कई स्थानों पर हिंदुओं ने खुलकर अंग्रेज सेना का स्वागत किया।

5. देश का बड़ा भाग विद्रोह की लपटों से बचा रहा। कुछ क्षेत्रों तक सीमित विद्रोह को राष्ट्रीय मुक्ति संग्राम का दरजा कैसे दिया जा सकता है!

साम्राज्यवादी विवरणों में भी तमाम ऐसे तथ्य हैं, जो सरलता से मजूमदार के तर्कों और निष्कर्षों को निरस्त कर सकते हैं।

विद्रोह केवल सैनिक ही था या कुछ और भी, इसका संभावित उज़र क्या हो सकता है—इसकी झलक अंग्रेज इतिहासकारों की इन टिप्पणियों में देखी जा सकती है।

मॉलिसन ने लिखा—''संकट पहले एक सैनिक विद्रोह की तरह आया। शीघ्र ही उसका स्वरूप बदल गया और वह एक राष्ट्रीय विद्रोह बन गया।''

एलेक्जेंडर डफ ने लिखा—''हर उदाहरण में जहाँ सैनिकों ने विद्रोह किया, वहाँ बाजार के लोग ही नहीं, आसपास के कस्बों और गाँव के लोग भी उनके साथ शामिल हो गए। उन्होंने सरकारी संपज़ि जलाने, लूटने, नष्ट करने और यूरोपीय निवासियों तथा सभी ईसाइयों को, जिन्हें मारा जा सकता था, उन्हें मारने में सैनिकों की मदद की। विद्रोहियों के बाद उन्होंने विध्वंस की प्रक्रिया को जारी रखा और उसे पूरा किया।''

जॉन के. ने लिखा—''एक बड़ा आंदोलन ग्रामीण समाज के भीतर से उभरकर सतह पर आकर अपनी उपस्थिति दर्ज कराने लगा और अंग्रेजी शासन के सभी चिह्न तेजी से विलुप्त होने लगे। गंगा-जमुना के बीच के इलाकों में दोनों धर्मों का कोई भी व्यक्ति ऐसा नहीं था, जो हमारे विरुद्ध नहीं था।''

यह सही है कि रूहेलखंड के कुछ स्थानों पर सांप्रदायिक दंगे हुए, किंतु उनके आधार पर सारे संघर्ष के स्वरूप का आकलन करना तर्कसंगत नहीं है। इस तरह की संकुचित कसौटी पर तो कांग्रेस द्वारा चलाया गया राष्ट्रीय आंदोलन भी खरा नहीं उतरेगा। बीसवीं सदी में अनेक सांप्रदायिक दंगे ही नहीं हुए, कांग्रेस के विरोध में मुसलिम लीग भी खड़ी की गई, पर जहाँ तक हिंदू-मुसलिम एकता का प्रश्न है, 1857 के विद्रोह के दौरान इस एकता ने अंग्रेज शासकों को विस्मित ही नहीं किया, बल्कि उन्हें गहरी निराशा में भी डुबो दिया। डिजरायली ने संसद् में कंपनी के डायरेक्टरों को धिक्कारते

हुए कहा, ''तुज़्हारे शासन में पहली बार हिंदू और मुसलमान एक होकर तुज़्हारे विरुद्ध थे।'' कार्ल मार्क्स ने भी इन दो समुदायों की एकता को एक अद्भुत घटना के रूप में देखा—''यह पहली बार हुआ, जब सैनिक रेजिमेंटों ने अपने फिरंगी अफसरों की हत्या की। हिंदू-मुसलमान आपसी विद्वेष को त्यागकर अपने स्वामी के विरुद्ध एकजुट हुए। हिंदुओं के साथ आरंभ हुए विद्रोह का अंत वास्तव में दिल्ली के सिंहासन पर एक मुसलिम बादशाह को स्थापित करने में हुआ। इस एकता को भंग करने की अंग्रेजों की कोई चाल सफल नहीं हुई। कश्मीरी गेट के उस पार ब्रिज पर बैठे वे बकरीद के मौके पर दिल्ली में हिंदू-मुसलिम दंगे का बेसब्री से इंतजार करते रहे। बकरीद आई और चली गई, पर उनकी मनोकामना पूरी नहीं हुई।''

जॉन के. ने लिखा—''अप्रैल के महीने तक लॉर्ड कैनिंग को यह स्पष्ट हो गया कि एशियाई नस्लों के द्वेष से कोई आशा नहीं करनी चाहिए। साफ तौर पर हिंदू और मुसलमान हमारे खिलाफ एकजुट हो गए थे।''

हेनरी लारेंस को यही निराशा लखनऊ में हाथ लगी। दोनों के बीच फूट डलवाने के लिए एरिक्सन को 50 हजार रुपए खर्च करने के लिए दिए गए, किंतु वह उनका कोई उपयोग नहीं कर पाया। इस बात पर गहरा अफसोस जाहिर करते हुए उसने लिखा—''यह एक उदाहरण है, जहाँ हम हिंदुओं को मुसलमानों से लड़वा नहीं पाए।''

यदि विद्रोह में शामिल होनेवाले सभी असैनिक केवल समाज के अराजक तज़्वों का प्रतिनिधित्व कर रहे थे, मजूमदार के शज़्दों में 'बदमाश', 'गुंडे', 'कुली-कबाड़ी', समाज के कचरे थे, तो इसका यही अर्थ निकलता है कि बाकी जनसाधारण अंग्रेज शासकों के प्रति घोर निष्ठावान बना रहा। यदि ऐसा था तो इन्होंने विद्रोहियों को पकड़वाने में, उन्हें कुचलवाने में अंग्रेजों का साथ क्यों नहीं दिया? अधिकांश समाज का सहयोग पाने के बाद भी सरकार को विद्रोह दबाने में इतना समय क्यों लगा? विद्रोहियों ने खजाने ही नहीं लूटे, उन दज़्तरों को भी जलाया, जहाँ सरकारी दस्तावेज रखे थे। टेलीग्राफ के खंभे उखाड़े। ब्रिटिश शासन से जो कुछ भी जुड़ा था—इन सबको नष्ट करने का प्रयास किया। उन बनियों के खातों को भी जलाया, जो अंग्रेजों द्वारा बनाए गए कानून के कारण किसानों का रक्तपान करने वाले सूदखोर बन गए थे। असैनिकों का सरकार के विरुद्ध आक्रोश व्यक्त करने का यह पहला अवसर

नहीं था। असैनिक विद्रोहों का एक लंबा सिलसिला था और ये विद्रोह अतीत में उन्हीं क्षेत्रों में हुए थे, जहाँ 1857 में पूरी शांति छाई रही। स्थानीय स्तर पर किए गए इन विद्रोहों को सफलतापूर्वक कुचल दिया गया था। बार-बार कुचले जाने के कारण ये पूरी तरह हतोत्साहित हो गए थे। 1857 तक आते-आते विद्रोह के प्रति उनका आकर्षण समाप्त हो गया था। बंगाल का देवी सिन्हा विद्रोह (1782), बिशनपुर विद्रोह (1789), दक्षिण में विद्रोह (1799-1809), विजीराम राजे विद्रोह (1794), भूमिज विद्रोह (1832-33), संथाल विद्रोह (1855) आदि असैनिक विद्रोहों के कुछ उदाहरण हैं।

1857 का विद्रोह अभी तक हुए विद्रोहों की तरह स्थानीय नहीं था। इस विद्रोह में सैनिक तथा असैनिक दोनों शामिल थे। ऐसा पहले कभी नहीं हुआ था। 1857 के विद्रोह में सैनिक तथा असैनिकों के मेल को स्वीकार करने के बाद भी कुछ लोग इसे राष्ट्रीय संग्राम या जन आंदोलन के रूप में स्वीकार करने में घोर आपज़ि करते रहे हैं। वे इसे विनाश के कगार पर खड़े सामंतवाद का विस्फोट मानते हैं। यदि यह सफल होता तो भारत फिर सामंतशाही की अंधी कोठरी में बंद हो जाता। सैनिकों के विद्रोह करते ही ताल्लुकेदारों और जमींदारों ने विद्रोह की अगुवाई तुरंत अपने हाथों में ले ली। अपने वर्चस्व को पुनः स्थापित करने और उससे विस्तृत करने का यह सुनहरा मौका था। जवाहरलाल नेहरू के शज़्दों में—"सामंतों की अगुवाई में यह मूलतः एक सामंती विस्फोट था, जिसमें व्यापक रूप से फैली ब्रिटिश विरोधी भावना सहायक थी। जो स्वयं विलीन हो रहे थे, उनके द्वारा आजादी का आना संभव नहीं था।"

मजूमदार की दृष्टि में 1857-58 के कष्ट और खून-खराबे में भारत में आजादी की प्रसव पीड़ा का आर्तनाद नहीं, वरन् एक मरणशील घिसे-पिटे अभिजात वर्ग की कराहें थीं। वास्तविकता यह है कि सामंत वर्ग के 1857 के बाद ताल्लुकेदारों को न केवल अपनी जागीरें वापस मिल गईं, बल्कि उन्हें ऐसे असंयमित अधिकार भी मिल गए, जिनका दावा वे खुद भी नहीं कर रहे थे। ये विशेषाधिकार स्थायी रूप से बने रहेंगे—सरकार ने इसका दृढ़ आश्वासन भी दिया।

स्ट्रैची के अनुसार, "इस उदारता का परिणाम यह हुआ कि दो-तिहाई जमीन भू-स्वामियों के कज़्जे में चली गई। नवाबी जमाने की परंपरा पहले

जैसी बनी रही।''

विद्रोहियों का उद्‌देश्य पुरानी व्यवस्था की पुनर्स्थापना करना नहीं था। उनका एकमात्र उद्‌देश्य विदेशी होने के नाते भारत से अंग्रेजों को निष्कासित करना था। विदेशी होने के नाते अंग्रेजों को भारत में सत्ताधारी बनने का अधिकार नहीं है। विदेशी और देसी का विभाजन राष्ट्रीय चेतना का पहला चिह्न है और इतनी चेतना विद्रोहियों में अवश्य मौजूद थी।

बादशाह, नवाब, राजा आदि को अनेक पुराने ओहदे पर बैठाना सैनिकों की विवशता थी। परंपरागत समाज में अपने लिए वैधता प्राप्त करने का यही एकमात्र रास्ता था। बिना वैधता के राजनीतिक स्थायित्व स्थापित करना संभव नहीं होता। मुगल बादशाह की राजनीतिक हैसियत एक परछाईं से अधिक नहीं थी। बक्सर के युद्ध के बाद इस परछाईं की आड़ में बंगाल में अपनी स्थिति को सुदृढ़ करने में अंग्रेज पूरी तरह सफल रहे। सन् 1803 में जब अंग्रेजों ने दिल्ली में प्रवेश किया तो यही बेहतर समझा गया कि दिल्ली में दुहरा शासन चलाया जाए। बंगाल के अनुभव से परछाईं की उपयोगिता उन्हें पूरी तरह समझ में आ गई थी। सैनिकों ने बहादुरशाह को उनकी बादशाहत तो सच्चे अर्थों में वापस नहीं की, पर उनके माध्यम से अपने लिए वैधता अवश्य प्राप्त कर ली। अंग्रेजों को अपदस्थ करने के बाद शासन-तंत्र का ढाँचा क्या होगा, इसके बारे में सैनिकों के पास कोई सुनिश्चित खाता नहीं था। दिल्ली में शासन चलाने के लिए उन्होंने जो व्यवस्था की, उससे यह स्पष्ट होता है कि वे निरंकुश राजतंत्र के पक्षधर कदापि नहीं थे। लोकतंत्र से अपरिचित होने के कारण राजतंत्र से इनकी सोच का आगे जाना संभव नहीं था, किंतु इनके राजतंत्र का मुगलिया राजतंत्र से कोई लेना-देना नहीं था।

शासन चलाने के लिए 'कोर्ट ऑफ एडमिनिस्ट्रेशन' की स्थापना की गई। कोर्ट का काम कानून व्यवस्था बनाए रखना, लगान उगाहना, कर्जे की व्यवस्था करना, राज्य की रक्षा करना तथा युद्ध करना था। न्याय व्यवस्था का दायित्व भी कोर्ट के ऊपर था। कोर्ट की आज्ञा में बादशाह और उनके परिवार के किसी भी सदस्य को हस्तक्षेप करने का अधिकार नहीं था। कोर्ट में 10 सदस्यों की व्यवस्था थी—छह फौजी और चार नागरिक। सदस्यता का चुनाव उन लोगों के बहुमत के आधार पर होता था, जो 'बुद्धिमान, समझदार और अनुभवी' थे। इन दस सदस्यों में से बहुमत के आधार पर एक सदर-ए-

जलसा (अध्यक्ष) और एक नायब सदर-ए-जलसा (उपाध्यक्ष) चुना जाता था। सदस्यों की सहायता के लिए कमेटियाँ भी बनाई गईं। कमेटियों में बहुमत से पारित प्रस्तावों को कोर्ट के पास उनकी स्वीकृति के लिए भेजा जाता था। जॉर्ज कैंबेल के अनुसार, दिल्ली की सरकार एक प्रकार से संवैधानिक सैनिक तंत्र थी। बादशाह एक संवैधानिक शासक के रूप में सज्ञानित था। संसद् के स्थान पर सज़ा सैनिकों की एक परिषद् के पास थी। सामान्यत: अरबी या फारसी नाम, स्वरूप या शब्दावली का प्रयोग न करके अंग्रेजी शब्दावली और कार्यशैली को अपनाया गया। कोर्ट का कोई भी फैसला बिना बादशाह के हस्ताक्षर के लागू नहीं किया जा सकता था। यदि कोर्ट के प्रस्ताव को बादशाह का अनुमोदन नहीं मिलता तो वह कोर्ट के पास पुनर्विचार के लिए भेजा जाता, पर वास्तव में कोर्ट जो भी निर्णय लेता, उसे तुरंत लागू कर दिया जाता था। बादशाह की इच्छा के विरुद्ध जरूरत पड़ने पर उसे मुहर लगाने को विवश कर दिया जाता था।

सन् 1858 में सैनिक आयोग के सामने अपने बयान में बहादुरशाह ने कहा, ''बागी सैनिकों ने एक कोर्ट की स्थापना की, जिसमें सभी मामलों पर विचार किया जाता था और फैसले लिये जाते थे, किंतु मैंने उनके सलाह-मशवरे में कभी भाग नहीं लिया। जहाँ तक मेरी मुहर के तहत हुक्मों का सवाल है, उसमें सच्चाई यह है कि जिस दिन सैनिक आए और फिरंगियों को मार दिया तथा मुझे बंदी बना लिया, उसके बाद से मैं वैसे ही रहा। अकसर वे खाली, बिना पते के लिफाफों पर मेरी मुहर लगा देते थे। मुझे न पत्रों की विषय-वस्तु मालूम थी, न यह मालूम था कि वे किसे भेजे गए हैं। मेरी जान खतरे में थी, मैं इस मामले में कुछ भी नहीं कर सकता था।''

कोर्ट के सदस्य संसदीय प्रणाली से अपरिचित थे। उन्हें प्रस्ताव कैसे बनाया जाए—यह भी नहीं पता था। यह कोर्ट वास्तव में एक पंचायत थी।

जो लोग इसे राष्ट्रीय संग्राम या जनविद्रोह के रूप में न देखकर सन् 1857 के विद्रोह को नितांत सैनिक विद्रोह मानते हैं, उन्हें इस प्रश्न का उज्र भी देना चाहिए कि सैनिकों के अपराध के बदले हजारों की संज्या में असैनिक लोग पाशविक ढंग से मौत के घाट क्यों उतारे गए? ब्रिटिश प्रतिशोध की तलवार उनके सिर पर क्यों गिरी? इलाहाबाद में ब्रिगेडियर नील की नृशंसता को किस तरह न्यायसंगत ठहराया जा सकता है? नील के प्रोत्साहन से कालों

का आखेट अंग्रेजों के लिए प्रतिदिन का मनोरंजन बन गया।

''जब हम किले के बाहर सैर के लिए निकलते, सभी ओर छा जाते, किसी भी भारतीय में विरोध की तनिक भी झलक दिखलाई देती, हम उसको मारकर गिरा देते।'' जॉन के लिखते हैं कि कुछ दिनों में 6,000 भारतीय मार दिए गए, जो कि सैनिक नहीं थे। बाजार और चौराहों पर टँगी लाशों को उतारकर शहर के बाहर ले जाने के लिए तीन महीने तक आठ लाश-गाड़ियाँ सुबह से शाम तक इलाहाबाद की सड़कों का चक्कर लगाती रहीं। जॉन के ने यह भी लिखा है—''स्त्रियाँ और बच्चे सीधे फाँसी पर नहीं लटकाए गए, बल्कि उन्हें अपने गाँव में ही जलाकर मारा गया।''

जहाँ सैनिकों के बिना जनसाधारण ने विद्रोह कर दिया था, सैनिकों के चले जाने के बाद भी संघर्ष चलाते रहे। वहाँ उसे केवल सैनिक विद्रोह के विस्तार के रूप में देखना विदेशियों के विरुद्ध उनके द्वारा व्यक्त किए गए आक्रोश का तिरस्कार है और यह भी कि जहाँ भी संघर्ष की अगुवाई स्थानीय लोगों के हाथ में चली गई, वहाँ इतिहासकार की न्याय-संगत दृष्टि प्रतिरोध की उपस्थिति से इनकार नहीं कर सकती है, जो एक प्रकार से राष्ट्रीय प्रतिरोध का ही रूप था। यदि विद्रोह के कर्ता-धर्ता सैनिक ही थे तो कैसे 'केवल दस दिन के दौरान अवध में अंग्रेजी शासन एक स्वप्न की तरह विलुप्त हो गया और अपने पीछे एक भी चिह्न नहीं छोड़ पाया।' चार्ल्स बॉल ने लिखा है—''अवध में अभियान पर निकले सैनिक बिना रसद के चलते हैं, क्योंकि लोग हमेशा उन्हें भोजन कराते हैं। बिना पहरेदारों के वे अपना सामान छोड़कर चले जाते थे, कोई उसे लूटता नहीं था। उन्हें अपने तथा अंग्रेजों के मुकाम की खबर हमेशा रहती थी, क्योंकि इसकी सूचना हर घंटे उन तक पहुँचाई जाती थी।''

डिजरायली के पास सन् 1857 के विद्रोह की जो भी सूचना थी, उससे उसके मन में भारत सरकार द्वारा की गई व्याज़्या के प्रति संदेह जाग गया। संसद् से उसने प्रश्न किया—'यह सैनिक बगावत है या एक राष्ट्रीय विद्रोह? साम्राज्यों का पतन और विनाश चरबी वाले कारतूसों के मसलों पर नहीं होता है। ऐसे परिणाम उपयुक्त कारणों से होते हैं और उपयुक्त कारणों के इकट्ठा होने से होते हैं।'

टार्नहिल की सलाह हमारे इतिहासकारों के लिए मार्गदर्शन का काम

कर सकती है—''जब हम शांति के साथ इस प्रश्न पर विचार करते हैं कि विद्रोह केवल सैनिक बगावत थी या जन-विद्रोह, तब हम इस निष्कर्ष पर पहुँचते हैं कि सैनिकों ने बगावत की, अपनी मरजी पर छोड़ी गई जनता ने सरकार के विरुद्ध खुलकर शत्रुता के काम किए, यह विद्रोह है।'' टार्नहिल के विद्रोह के आगे यदि हम एक और शज्द 'राष्ट्रीय' जोड़ दें तो कुछ गलत नहीं होगा। राष्ट्र की केवल आधुनिक परिभाषा ही नहीं है, एक प्राचीन और मध्यकालीन परिभाषा भी है। महाराष्ट्र, सौराष्ट्र आदि नाम इसके उदाहरण हैं। आधुनिक राष्ट्र के निर्माण के पहले एक भारतीय के लिए उसके राजा की रियासत या उसका क्षेत्र कोई राष्ट्र हो सकता था, किंतु दूसरे राज्य के लोग उसके लिए विदेशी नहीं, केवल अन्य राज्य की प्रजा थे। भारतीय राष्ट्र की यह परिभाषा अंग्रेजों पर लागू नहीं की जा सकती थी। वे भारत के किसी दूसरे राज्य के निवासी नहीं थे। जिस जमीन पर जनमे और बसे थे, वह हजारों कोस दूर थी। राष्ट्र की इस संकुचित कसौटी पर भी अंग्रेज हर तरह से विदेशी थे। अपने-पराए का यह भेद यदि आधुनिक प्राक्-राष्ट्रीयता का अहसास नहीं है तो क्या है? 31 मार्च, 1858 को 'टाइज्स ऑफ लंदन' ने स्वीकार किया, ''धर्मांधता या आर्थिक संत्रास इसका (विद्रोह का) निर्देशन नहीं कर रही है, वहाँ स्वतंत्रता, प्रेम और विदेशी शासन के प्रति द्वेष लोगों को प्रेरित कर रहा है।''

सन् 1857 के विद्रोह में राष्ट्रीय तज्व थे या नहीं, इसके परखने का एक अन्य तरीका भी है। सन् 1858 के तुरंत बाद ही व्यवस्था को सुनियोजित करने के लिए कई महज्वपूर्ण प्रशासकीय कदम उठाए गए, प्रशासन में कई महज्वपूर्ण परिवर्तन किए गए। इस पुनर्गठन और परिवर्तन को यदि हम गौर से देखें तो भविष्य के भारत को गढ़ने के लिए बिछाई गई बिसात पर सजे मोहरे आगे चली जाने वाली चालों का हमें पूर्वाभास करा देंगे। सन् 1857 जैसा विद्रोह दुबारा न हो, इसलिए उन सबकी जड़ें काटना अनिवार्य था, जिन्होंने इसे संभव बनाया। प्रशासन और शासन के हर पक्ष में 'फूट डालो और राज करो' के सिद्धांत को लागू करने का निर्णय ले लिया गया। भारत को एक भौगोलिक इकाई बनाने के बाद अंग्रेज शासक उसको भीतर से विघटित करने की प्रक्रिया में जी-जान से जुट गए।

विभिन्न धर्मों, जातियों और क्षेत्रों के लोगों को एक ही रेजिमेंट में रखने

से, जो भाईचारा पनपा, उसका घातक परिणाम सन् 1857 के विद्रोह के रूप में उजागर हो गया था। इस नीति को त्यागने की जो सलाह सर सैयद अहमद ने अपनी पुस्तका 'असबाबे-बगावत' में सरकार को दी थी, उसको सेना का पुनर्गठन कर तुरंत अमली जामा पहनाया गया। सेना की नई व्यवस्था में सिखों और गोरखों को छोड़कर सभी अभेद्य खानों में बाँट दिए गए। नई नीति का घोषित लक्ष्य सैनिकों में कौम, धर्म, जाति, स्थानीय एकता की खतरनाक भावना के विकास को रोकना था। पंजाब में सिखों की संख्या बढ़ाने और उन्हें पूरी तरह से हिंदुओं से अलग करने के लिए सरकार ने अपनी धार्मिक तटस्थता की नीति का परित्याग कर दिया। केवल वही सिख सेना में भरती हो सकता था, जिसने अमृत चखा था। सिख सैनिकों के लिए अपने धर्म के पाँच प्रतीकों केश, कच्छा, कड़ा, कंघा और कृपाण को रखना अनिवार्य कर दिया गया। अब भाड़े की ऐसी सेना तैयार हो गई थी, जिसका रक्त तो भारतीय था, पर पहचान जाट, सिख, मरहठा, सैयद आदि में बँट गई थी।

लोगों को बाँटने के लिए जहाँ धर्म की कतार काम नहीं आई, वहाँ नस्ल की नकेल का प्रयोग किया गया। उजर भारत के निवासी आर्य हैं और दक्षिण के अनार्य—इस सत्य का उद्घाटन ईसाई धर्म प्रचारक कैल्डवेल ने मद्रास सरकार की आर्थिक सहायता से सन् 1881 में दक्षिणी भाषाओं के व्याकरण की अपनी पुस्तक में किया। इस पुस्तक के अनुसार तमिल ब्राह्मणों को छोड़कर सभी दक्षिणवासी अनार्य थे।

जार्ज ग्रियर्सन के निर्देशन में सन् 1903 में भाषाओं का सर्वेक्षण आरंभ किया गया। स्पष्ट है कि प्रशासन ने इतना समय, श्रम और धन का व्यय केवल बौद्धिक पिपासा को शांत करने के लिए नहीं किया था। यह साम्राज्यवादी राजनीति से प्रेरित आयोजन था। भाषाओं की बहुलता को उजागर करके इसका उद्देश्य यह प्रमाणित करना था कि भारत न कभी एक राष्ट्र था, न हो सकता है। एक राष्ट्र वही हो सकता है, जिसकी एक भाषा हो। ग्रियर्सन ने 179 भाषाएँ और 544 बोलियाँ खोज निकालीं। इनमें 72 के करीब ऐसी बोलियाँ भी दर्ज हैं, जिनको बोलने वालों की संख्या सौ से ऊपर नहीं थी। कुछ को बोलनेवालों की संख्या दस से भी कम थी। हिंदी की अनेक बोलियों को समझ-बूझकर भाषा का पद प्रदान किया गया। हर प्रदेश में राजभाषा का पद प्राप्त करने के लिए एक नहीं, दो या तीन भाषाएँ अपना दावा लेकर खड़ी

हो गईं। धर्म की टकराहट के साथ भाषा की आपसी टकराहटें भी जुड़ गईं।

सन् 1881 में प्रशासन ने दस वर्षीय जनगणना का सिलसिला आरंभ किया। लोगों की गिनती के साथ उनके धर्म, जाति और भाषा का विवरण भी जोड़ा गया। जनगणना के साथ भविष्य में जाति के राजनीतीकरण की नींव भी पड़ गई। साथ ही जाति-स्पर्धा की धार भी और पैनी हो गई। कायस्थ पाठशाला, बलवंत राजपूत कॉलेज, कान्यकुब्ज कॉलेज इस जाति-स्पर्धा के कुछ उदाहरण हैं।

सन् 1857 की विफलता में ही इसकी सफलता के बीज निहित थे। कुछ दशकों बाद बीजों ने पेड़ों का आकार ले लिया और इनसे उठने वाली आँधी ने आखिरकार ब्रिटिश साम्राज्य के पैर भारत से उखाड़ दिए।

❏

सन् 1857 की क्रांति के महानायक

सन् 1857 के प्रथम स्वतंत्रता संग्राम को बहुत दिनों तक लोग केवल सिपाही विद्रोह के नाम से जानते थे। अंग्रेज इतिहासकारों की यह चाल थी कि भारत की जनता को सही स्थिति से अवगत न कराया जाए, परंतु खेद तो इस बात का है कि कुछ भारतीय इतिहासकारों ने भी अंग्रेजी सरकार को खुश रखने के लिए इसे सिपाही विद्रोह कहना ही उचित समझा।

सही बात यह है कि राजा, प्रजा, सिपाही, किसान सभी ने इस क्रांति के जरिए अंग्रेजी हुकूमत को समाप्त करने का प्रयास किया था। यह बात दूसरी है कि कई कारणों से वे अपने उद्देश्य में असफल रहे। परिणामत: अब सभी लोग मानने लगे हैं कि सन् 1857 की क्रांति प्रथम स्वतंत्रता संग्राम ही था।

पहले लोग सन् 1857 के विद्रोह का प्रमुख कारण चरबीयुक्त कारतूस को मानते थे, लेकिन यह केवल एक घटना मात्र थी। इसकी चर्चा करते हुए एक अंग्रेज इतिहासकार मैडले ने लिखा है—‘‘वास्तव में बहुत दिनों से जमीन के नीचे-ही-नीचे जो विस्फोटक मसाला अनेक कारणों से तैयार हो रहा था, इस पर चरबी लगे हुए कारतूसों ने केवल दियासलाई का काम किया।’’

सन् 1857 का संघर्ष अनेक भारतीयों की अटूट देशभक्ति तथा उनकी धर्म-परायणता का प्रतिफल था। ज्ञातव्य है कि क्रांतिकारी अपने गुप्त संगठनों द्वारा भारत में घूम-घूमकर इसका संदेश दे रहे थे, पर इसकी जानकारी बहुत दिनों तक अंग्रेज सरकार को नहीं हुई थी। वे समझते थे कि अभी हिंदुस्तान में तूफान आने की संभावना नहीं है।

सन् 1857 के स्वतंत्रता संग्राम में भारत माँ के अनेक सपूतों ने अपने प्राणों को न्योछावर कर दिया। हम स्वतंत्रता की बलिवेदी पर मर-मिटने वाले उन सभी वीरों के प्रति सदा नतमस्तक रहेंगे।

प्रातः स्मरणीय मंगल पांडे स्वतंत्रता संग्राम के प्रथम शहीद थे, जिन्होंने हँसते-हँसते स्वतंत्रता और स्वधर्म के लिए फाँसी पर चढ़ना उचित समझा। मंगल पांडे के त्याग और साहस का फल यह हुआ कि थोड़े ही दिनों के बाद केवल सिपाहियों ने ही नहीं, बल्कि समस्त भारतीयों ने स्वतंत्रता संग्राम छेड़ दिया।

मंगल पांडे के विस्तृत जीवन-वृज़ का कोई पता नहीं चलता। कौन जानता था कि एक साधारण सिपाही एक दिन अमर शहीद बन जाएगा और उसका भारत में इतना सज़्मान होगा।

एक अनुमान के मुताबिक मंगल पांडे उज़र प्रदेश के बलिया जिले के नगवाँ गाँव के रहने वाले सरयूपारीय (कान्यकुज़्ज) ब्राह्मण थे। उनके माता-पिता साधारण परिवार के थे। उन दिनों बंगाली लोग सेना में बहुत कम भरती होते थे। बिहार के आरा, छपरा के अधिक लोग सेना में थे। पूर्वी उज़र प्रदेश से भी लोग कलकज़्ा पुलिस में खूब भरती होते थे। इस तरह यह तथ्य सही लगता है कि मंगल पांडे का घर बलिया जिले में रहा होगा। बलिया के ब्राह्मण निःसंदेह कुछ अधिक कट्टर होते हैं, जो धर्म की मर्यादा और देश की आजादी के लिए मर मिटते हैं।

मंगल पांडे कलकज़्ा के बैरकपुर में 19वीं रेजिमेंट के एक साधारण सिपाही थे। कहा जाता है कि एक दिन वे दमदम के निकट कुएँ से पानी भर रहे थे। वहीं एक भंगी ने उनसे लोटा माँगा। उन्होंने उसे लोटा देने से इनकार कर दिया। इस पर भंगी ने अपनी प्रतिक्रिया व्यक्त करते हुए कहा, "बाबा, तुम मुझे लोटा भले ही मत दो, लेकिन तुज़्हें जब फौज में गाय और सूअर की चरबी लगे हुए कारतूसों का प्रयोग करना पड़ेगा, तब आप अपने धर्म को कैसे बचाओगे?"

यह बात सुनकर मंगल पांडे का दिमाग ठनका। उन्होंने सोचा कि भंगी ठीक ही कह रहा है। अब या तो अपना धर्म छोड़ना पड़ेगा या विद्रोह करना पड़ेगा। मंगल पांडे ने अत्याचारी अंग्रेज सरकार के विरोध का ही निर्णय लिया। 'जान भले ही जाए, पर धर्म नहीं छोड़ूँगा'—पांडे ने मन-ही-मन निश्चय किया।

इधर क्रांति का गुप्त रूप से संगठन किया जा रहा था। उधर ब्रिटिश सरकार बंगाल में सैनिकों को चरबीयुक्त कारतूसों के प्रयोग के लिए आदेश

जारी करने पर विचार कर रही थी। इसके लिए 19वीं रेजिमेंट को ही पहले पहल चुना गया। 34वीं रेजिमेंट के कुछ सिपाहियों को 19वीं रेजिमेंट में भेज दिया गया था।

19वीं रेजिमेंट के सिपाही भी क्रांति के लिए प्रस्तुत थे, जिसकी जानकारी अंग्रेजों को नहीं थी। ब्रिटिश सरकार ने 19वीं रेजिमेंट को ही पहले कारतूस के प्रयोग का आदेश दिया, पर सैनिकों ने इस आदेश को नहीं माना। सरकार लाचार हो गई। सिपाहियों ने स्पष्ट कहा, ''जरूरत पड़ी तो हम तलवार भले ही उठा लेंगे, पर चरबीयुक्त कारतूस का प्रयोग नहीं करेंगे।'' सरकार ने पहले कड़ा रुख अपनाया, लेकिन लाचार होकर उसे अपना विचार बदलना पड़ा। कारण—उस समय बंगाल में अंग्रेज सेना की एक भी रेजिमेंट नहीं थी। उन्होंने बर्मा से अंग्रेज सेना को बुलाने का निश्चय किया और यह भी तय हुआ कि अंग्रेज सिपाहियों के आने के बाद भारतीय सैनिकों को, खास तौर पर बैरकपुर के सिपाहियों को नि:शस्त्र कर दिया जाएगा तथा रेजिमेंट को भी बंद कर दिया जाएगा।

कारतूस में गाय और सूअर की चरबी थी या नहीं, यह कुछ दिनों तक विवादास्पद रहा। सरकार की ओर से यह घोषणा की गई कि कारतूस में गाय और सूअर की चरबी नहीं है, पर हिंदू और मुसलमान, दोनों वर्गों के सिपाही इस बात को जानते थे कि सरकार उन्हें धोखा दे रही थी। अत: ''जुल्मी सरकार का आदेश कभी नहीं मानेंगे,'' यह उनका दृढ़ निश्चय था।

बाद में अंग्रेज इतिहासकारों ने भी स्वीकार किया है कि कारतूस में गाय और सूअर की चरबी का प्रयोग किया गया था। सर जॉन के, जो सन् 1857 की क्रांति के सबसे अधिक प्रामाणिक लेखक माने जाते हैं, उनका कहना है—''इसमें कोई संदेह नहीं कि इस मसाले को बनाने में गाय की चरबी का उपयोग किया गया था।''

उन्होंने यह भी लिखा है—''दिसंबर, 1853 में कर्नल टक्कर ने बहुत साफ शब्दों में इस बात को लिखा था कि नए कारतूसों में गाय और सूअर की चरबी लगाई जाती थी।''

लॉर्ड राबर्ट्स के अनुसार—''हाल में मिस्टर फॉटेस्ट ने भारत सरकार के कागजों की जाँच-पड़ताल की है, उस जाँच से सिद्ध होता है कि कारतूसों को तैयार करने में जिस चिकने मसाले का उपयोग किया गया था, वह

वास्तव में दोनों निषिद्ध पदार्थों अर्थात् गाय और सूअर की चरबी को मिलाकर बनाया जाता था अर्थात् इन कारतूसों के बनाने में सिपाहियों की धार्मिक भावना की ओर इतनी बेपरवाही दिखाई जाती थी कि जिसका विश्वास नहीं होता। उनसे अधिक जबरदस्त बातें कभी किसी विद्रोह को जायज करार देने के लिए हो ही नहीं सकतीं।''

उपर्युक्त विवेचन से यह स्पष्ट होता है कि सिपाहियों की आशंका सही थी, उनके विद्रोही होने के अलावा उनके पास अब बचा ही क्या था। क्रांति के वरिष्ठ नेता घूम-घूमकर इस बात का प्रचार करते। सैनिकों में इसकी सूचना इतनी गुप्त रूप से दी गई कि सरकार को पता न लग सके। नेताओं ने यह तय किया कि 31 मई, 1857 को सारे देश में क्रांति प्रारंभ कर दी जाएगी। बैरकपुर से संबंधित केंद्रों को भी गुप्त पत्र भेजे गए।

29 मार्च का दिन भारतीय इतिहास में बहुत महत्त्व का दिन माना जाना चाहिए। इसी दिन सन् 1857 में सिपाहियों को परेड के लिए मैदान में बुलाया गया। मंगल पांडे के लिए यह बड़ा उपयुक्त अवसर था, किंतु अन्य लोग निश्चित तिथि पर ही विद्रोह करना चाहते थे, जब उन्हें यह जानकारी हुई तो वे आग बबूला हो गए। आजादी के विचार से उनके रक्त में विद्युत् की लहर दौड़ गई। उनकी धर्म-परायणता और स्वतंत्रता की आकांक्षा प्रतीक्षा के लिए तैयार नहीं थी। वे 'शुभस्य शीघ्रम्' में विश्वास करते थे या कबीर की भाषा में—

काल करे सो आज कर, आज करे सो अब।
पल में परलय होएगी, बहुरि करेगो कब॥
तुलसी के रामचरितमानस से भी वे शायद प्रभावित थे—
का बरषा जब कृषि सुखाने,
समय चूक पुनि का पछताने॥

मंगल पांडे की देशभक्ति, जैसा कि दामोदर सरकार ने लिखा है— ''उन्माद में बदल गई और झट उन्होंने बंदूक भरी और परेड मैदान में अपने दोस्त सिपाहियों को ललकारा—भाइयो, उठो! किस बात का विलंब है? मैं तुम्हें धर्म की शपथ देता हूँ कि तुम अब आओ और स्वाधीनता के लिए धूर्त शत्रु पर वार करो।

''क्या तुझे भगवद्गीता का अमर संदेश याद नहीं है? यदि विद्रोह

करते हम मारे जाएँगे तो स्वर्ग मिलेगा, अगर जीत जाएँगे तो अत्याचारी सरकार का विनाश हो जाएगा।

''दोस्तो, ऐसा अवसर बहुत कम मिलता है।'' लेकिन भारतीय सिपाहियों पर इसका कोई असर नहीं पड़ा। वे किंकर्तव्यविमूढ़ थे, एक तरफ सरकारी आदेश की अवमानना और दूसरी तरफ क्रांति के नेताओं के द्वारा निश्चित तिथि से पहले विद्रोह का बिगुल बजाना। इस दुविधा में वे अपना कर्तव्य सुनिश्चित न कर सके। यह सही है कि बहादुर किसी के सहयोग की उज़्मीद नहीं करते।

सार्जेंट मेजर ह्यूसन को जब यह पता चला तो उसने मंगल पांडे को तुरंत बंदी बना लेने की आज्ञा दी, पर भारतीय सिपाहियों ने भले ही मंगल पांडे का साथ न दिया हो, लेकिन वे उन्हें बंदी बनाने के लिए तैयार नहीं थे। सिपाहियों ने साफ कहा, ''हम ब्राह्मण देवता को कभी बंदी नहीं बनाएँगे।''

मंगल पांडे ने झट गोली चलाकर ह्यूसन को धराशायी कर दिया। लेज़्टिनेंट बॉग घोड़े पर बैठकर शीघ्र ही वहाँ आया। मंगल पांडे हिज़्मत हारने वाले तो थे नहीं, उन्होंने पुनः घोड़े को अपना निशाना बनाया। तुरंत बॉग घोड़े सहित जमीन पर गिर पड़ा। शीघ्र ही बॉग ने भी मंगल पांडे पर गोली चला दी, पर ईश्वर की कृपा से वे बाल-बाल बच गए। बॉग अपनी तलवार को ज़्यान से बाहर निकाल ही रहा था कि मंगल पांडे ने उसे अपनी गोली का निशाना बना लिया और देखते-ही-देखते उसके प्राण पखेरू उड़ गए। यह देखकर किसी अंग्रेज ने मंगल पांडे पर तुरंत वार करना चाहा, तभी किसी भारतीय सिपाही ने उसका सिर बंदूक के कुंदे से चकनाचूर कर दिया। सिपाहियों के समूह से आवाज आई, ''मंगल पांडे को छूने का साहस मत करो।''

अब यह विद्रोह एक मंगल पांडे तक ही सीमित न रहा। इस घटना से सिद्ध हो गया कि भारतीय सिपाही मंगल पांडे के विरुद्ध कुछ भी करने के लिए तैयार नहीं थे। इसी बीच घटनास्थल पर कर्नल व्हीलर पहुँचा। उसने भी पांडे को गिरज़्तार करने का हुक्म दिया, पर सिपाहियों ने वही बात फिर कही, ''हम ब्राह्मण पर हाथ नहीं उठा सकते।''

कर्नल ने अनुभव किया कि अब सिपाहियों के अंदर विद्रोह की भावना घर कर गई है। झटपट वह जनरल के बँगले में जा छिपा। मंगल पांडे का हाथ रक्तरंजित था। वे उच्च स्वर में ललकार रहे थे, ''भाइयो, हथियार उठाओ!

समय आ गया है।''

जनरल हियर्से तुरंत कुछ अंग्रेज सेना के साथ आ धमका। परेड के मैदान में उसे देखकर मंगल पांडे डरे नहीं, लेकिन अनुभव किया कि सिपाही उनका प्रत्यक्ष साथ नहीं दे रहे हैं। ऐसी हालत में अकेले लोहा लेना संभव नहीं है। गोरों के हाथ से मरने की अपेक्षा स्वयं मरना अच्छा है, यह विचार आते ही उन्होंने अपनी ही गोली से अपने को आहत कर लिया। उनका रक्तरंजित शरीर जमीन पर लोटने लगा। अंग्रेजों ने इस वीर पुरुष को घायल अवस्था में ही अस्पताल पहुँचा दिया। सभी सिपाही आश्चर्यचकित थे और भगवान् से मन-ही-मन प्रार्थना कर रहे थे कि उनके मंगल बाबा ठीक हो जाएँ।

घाव ठीक हो गया, लेकिन मंगल पांडे पर सैनिक अदालत में मुकदमा चलाया गया। उनसे अन्य विद्रोहियों के नाम पूछे गए, पर उन्होंने किसी का नाम बतलाने से इनकार कर दिया। उन्होंने स्पष्ट कहा कि अंग्रेज अधिकारियों से उनका कोई व्यक्तिगत वैर नहीं है। वे तो केवल मातृभूमि की आजादी और धर्म की रक्षा के लिए विद्रोह कर रहे हैं। मंगल पांडे ने देश तथा धर्म को अपने प्राणों से अधिक महज़्व दिया। सैनिक अदालत ने उनके विरुद्ध मृत्युदंड का आदेश जारी किया। यह तय हुआ कि 8 अप्रैल, 1857 को उन्हें फाँसी दे दी जाए।

मंगल पांडे की लोकप्रियता इतनी बढ़ गई कि उन्हें फाँसी पर चढ़ाने के लिए कोई जल्लाद भी तैयार नहीं था। अंत में इस कुकर्म के लिए विशेष पारिश्रमिक देकर कलकज़े से चार जल्लादों को बुलाया गया। 8 अप्रैल को प्रातःकाल इधर सूर्य की रश्मियाँ समस्त जगत् को प्रकाशित कर रही थीं, उधर मंगल पांडे का बलिदान भारतीय जनता में नवोत्साह और प्रेरणा का शंखनाद कर रहा था।

देखते-ही-देखते भारत माँ के इस महान् सपूत को फाँसी के तज़्ते पर लटका दिया गया। उस समय उनका मस्तक गर्व से ऊँचा था। उनके हृदय में अदज़्य साहस था। फाँसी की रस्सी गले में पड़ जाने के बाद भी यह वीर पुरुष किसी भी क्रांतिकारी का नाम जुबान पर नहीं लाया।

यह था मंगल पांडे का देश के लिए अमर बलिदान। मंगल इस क्रांति के प्रथम शहीद थे।

मंगल पांडे के बलिदान से समस्त भारतवासी तिलमिला उठे। सिपाहियों

ने बदला लेने की ठान ली, पर ब्रिटिश सरकार भी अब सावधान हो गई थी। 34वीं रेजिमेंट के एक सूबेदार पर क्रांतिकारियों की मदद करने का आरोप लगाया गया और उसकी हत्या कर दी गई।

मंगल पांडे के अमर बलिदान की खबर विद्युत् के समान समस्त देश में फैल गई और चारों तरफ क्रांति शीघ्र भड़क उठी। मेरठ, दिल्ली, लखनऊ, कानपुर, बिहार आदि सभी इसकी चपेट में आ गए।

मंगल पांडे नि:संदेह भारत के एक अनमोल रत्न थे, जिसका मूल्य कृतज्ञ भारत कभी नहीं चुका सकता। उन्होंने सिद्ध कर दिया कि व्यक्ति चाहे गरीब हो या अमीर, छोटा हो या बड़ा, अपने कर्म से महान् बनता है। मंगल पांडे ने एक साधारण सिपाही होते हुए भी अपने त्याग और बलिदान से भारत के स्वतंत्रता संग्राम में गौरवपूर्ण स्थान प्राप्त कर लिया।

❑

आरंभिक चरण

मंगल पांडे की जन्मतिथि, बाल्यावस्था और पारिवारिक स्थिति के बारे में ठीक-ठीक विस्तारपूर्वक तो कुछ पता नहीं चल पाता। केवल इतनी जानकारी उपलज़्ध है कि वे उज़्र प्रदेश के बलिया जिले के नगवाँ गाँव में एक निर्धन ब्राह्मण परिवार में जनमे थे। उनकी शिक्षा-दीक्षा भी संभवत: सामान्य स्तर तक ही हो पाई थी, परंतु उनकी व्यावहारिक बुद्धि बड़ी कुशाग्र थी। साहस और वीरता के गुण उनमें कूट-कूटकर भरे थे। किसी भी गलत बात या अन्याय को वे सहन नहीं कर पाते थे और उसका कड़ा विरोध करते। उनकी पारिवारिक निर्धनता भी उनकी दबंगता के आड़े नहीं आ पाती थी। धीरे-धीरे जब उनके परिवार पर ऋण का भार बहुत अधिक हो गया तो उसे चुकाने का दायित्व मंगल के कंधों पर आ पड़ा। वे अपने उग्र स्वभाव को भली-भाँति जानते थे। साथ ही उनकी यह भी इच्छा थी कि उन्हें कोई ऐसा कार्य मिल जाए, जिससे ऋण के भार से मुक्ति मिलने के साथ-साथ उन्हें साहस तथा वीरतापूर्ण कार्य करने का भी अवसर मिले। अत: उन्होंने एक सैनिक के रूप में तत्कालीन अंग्रेज सेना में नौकरी कर ली।

हिंदी के प्रसिद्ध साहित्यकार अमृतलाल नागर ने सन् 1857 की क्रांति के बारे में 'गदर के फूल' नामक पुस्तक लिखी है, जिसमें अमर शहीद मंगल पांडे की संक्षिप्त जीवन-कथा मिलती है। इसमें उन्होंने लिखा है—

''मंगल पांडे का जन्म फैजाबाद जिले की अकबरपुर तहसील के सुरहुरपुर नामक ग्राम में सन् 1827 के जुलाई की 19वीं तारीख को, अर्थात् आषाढ शुक्ल द्वितीया शुक्रवार विक्रमी संवत् 1884 में हुआ था। इनके पिता का नाम दिवाकर पांडे था। वे वस्तुत: फैजाबाद जिले की फैजाबाद तहसील के दुगवाँ रहीमपुर नामक ग्राम के रहने वाले थे और अपने ननिहाल की संपज़ि के

उज़राधिकारी होकर सुरहुरपुर में जाकर बस गए थे। वहीं पर उनकी पत्नी अभयरानी देवी के गर्भ से मंगल पांडे का जन्म हुआ।

22 वर्ष की आयु में अर्थात् 10 मई, 1849 में आप ईस्ट इंडिया कंपनी की सेना में भरती हुए। किसी काम से आप सुरहुरपुर से अकबरपुर आए हुए थे। उसी समय कंपनी की सेना ग्रांड ट्रंक रोड होती हुई बनारस से लखनऊ जा रही थी। आप सेना का मार्च देखने के लिए कौतूहलवश सड़क के किनारे आकर खड़े हो गए। सैनिक अधिकारी ने आपको हृष्ट-पुष्ट और स्वस्थ देखकर सेना में भरती हो जाने का आग्रह किया, आप राजी हो गए। बस यहीं से आपका सैनिक जीवन आरंभ हुआ।''

मंगल पांडे के आरंभिक जीवन का विस्तृत विवरण कहीं नहीं मिलता। अंग्रेजों ने इस अमर शहीद से जुड़े तथ्यों को संभवत: नष्ट कर दिया, लेकिन लोकजीवन ने अपने इस महान् नायक को आल्हा गीतों के माध्यम से अमर बनाकर रखा। इन्हीं आल्हा गीतों के आधार पर लेखक अमरेश मिश्रा ने 'मंगल पांडे : ए ट्रू स्टोरी ऑफ ऐन इंडियन रिवोल्यूशनरी' में इस महान् वीर के जीवन-सूत्रों को पकड़ने की कोशिश की है।

''मंगल पांडे का समाज एक साझा समाज था। गाँव के मौलवी का बेटा नक्की खान उनका दोस्त था। गाँव के मुसलमानों का उनके घर अच्छा आना-जाना था। उनका खुले दिल से स्वागत किया जाता था और अलग बरतनों में मांसाहारी भोजन भी खिलाया जाता था। दिवाकर पांडे मंगल को दरगाह पर होने वाले मुसलिम मेलों में ले जाया करते थे। मंगल की बहन, जो सन् 1830 के अकाल में असमय ही मौत के मुँह में चली गई, चूड़ियों की खासी शौकीन थी और लाल-हरे रंग की चूड़ियाँ उसे सबसे ज्यादा पसंद थीं। ऐसी चूड़ियाँ जिला बहराइच में स्थित गाजी बाबा की दरगाह पर काफी लोकप्रिय थीं।

''बहराइच में ही मंगल ने ब्रिटिश निर्ममता का पहला नमूना देखा था। उनकी उम्र के बारे में तो ठीक से नहीं कहा जा सकता, मगर इतना जरूर है कि वे अभाव और मुश्किलों के दिन थे। हुआ यों कि नक्की खान खेत में शौच करने गया था कि तभी एक ब्रिटिश अफसर का घोड़ा किसी शिकार का पीछा करते हुए तकरीबन नक्की खान पर आ गिरा। लड़के ने जान बचाकर भागने की पूरी कोशिश की, मगर उसे पकड़ लिया गया। दिवाकर पांडे की लाख मिन्नतों और पैसे की पेशकश के बावजूद इस सजा के लिए उसे डंडे-

बेंत लगाए गए।''

फौज में आने के बाद मंगल को एक विवाहित स्त्री से प्रेम हो गया था। आल्हा के हवाले से अमरेश मिश्रा लिखते हैं—

''आल्हा में नक्की खान और मंगल पांडे के कलकज़ा जाने का भी उल्लेख मिलता है, जहाँ उन्होंने गंगा के पवित्र जल में डुबकी लगाई थी और विदेशी शासन को उखाड़ फेंकने का कौल उठाया था। यहाँ से मंगल पांडे कलकज़ा की एक हवेली में जाते हैं, जहाँ वह औपनिवेशिक भारतीय पुरुष अहं के शिकार एक बंगाली क्लर्क से विवाहित अपनी हिंदुस्तानी महबूबा को अलविदा कहते हैं। जब मंगल पांडे अपनी इस प्रेमिका की बाँहों में लेटे भाँग पी रहे थे, उस वक्त नक्की खान चौकस नजरों से हवेली के दरवाजे पर डटे हुए थे। अपने घर से काफी दूर और कुछ ही समय में वे इस दुनिया से विदा लेने जा रहे थे…।

…मंगल की प्रेमिका को कम उम्र में ही कलकज़ा में रहने वाले एक बंगाली ब्राह्मण से ज़्याह दिया गया था। बंगाल में देसी ब्राह्मणों का भी एक छोटा सा तबका था और उन्हें औपनिवेशिक शासन में थोड़ा-बहुत फायदा मिल चुका था।

इस औरत का पति राजस्व वसूली विभाग का क्लर्क था। उसके अफसरों ने उस पर भ्रष्टाचार का आरोप लगाया था, मगर किसी और अफसर की मेहरबानी से उसे फिर बहाल कर दिया गया था।

उसकी औरत खुश नहीं थी। बच्चे पैदा न होने की वजह से न केवल वह अपनी सास के हाथों प्रताड़ित हो रही थी, बल्कि परिवार के बाकी लोग भी उसे ताने देते रहते थे।…आल्हा में एक खुदकुशी की कोशिश का जिक्र आता है। मंगल कलकज़ा में गंगा के पानी में अपनी दैनिक पूजा-अर्चना कर रहे थे कि तभी उन्हें एक औरत पानी में अधमरी बहती दिखाई दी। नदी में किए जाने वाले अनुष्ठान आम तौर पर पीठ तक पानी में खड़े होकर ही संपन्न किए जाते हैं। इसीलिए मंगल भी पानी में खड़े थे और जैसे ही उन्होंने औरत को देखा, वे तैरते हुए गए और उसे निकाल लाए, फिर उसकी पीड़ा भरी कहानी सुनने के बाद उन्होंने उसे अपना संरक्षण दिया।

…मंगल इस औरत के साथ भाग जाने का फैसला लेते हैं।…वे सीधे औरत के घर के दरवाजे पर पहुँचे और उसके शौहर को नाम लेकर आवाज

दी। भय से काँपते क्लर्क ने फौरन घुटने टेक दिए। उसने औरत के बदले में सीधे पैसों की माँग रख दी। मंगल ने घृणा से जमीन पर थूका और तलवार ज्यान में रखते हुए उसे जोर का झापड़ रसीद कर दिया। बाद में उन्होंने नक्की से कहा भी कि ''कायर के घर से किसी औरत को 'उठा लाना' कोई वीरता की बात नहीं है।''

अंग्रेजी सेना का प्रचार

''भरती हो जा रे साँवरिया
तेरे द्वार खड़े रंगरूट!
द्वार खड़े रंगरूट,
तेरे द्वार खड़े रंगरूट।
तेरे घर-बाहर की चिंता,
सब जाएगी छूट।
हाथ राइफल और पाँवों में
पहन डासन कौ बूट।
भरती हो जा रे साँवरिया ··· ।''

एक शामियाने में बारह नर्तकियाँ नाच रही हैं और उनमें से एक ने शस्त्रधारी सैनिक का वेष धारण कर रखा है। नवयुवकों को किसी-न-किसी प्रकार अपने रूप की ओर आकर्षित करना और फिर उनको अंग्रेजों की सेना में भरती करा देना इन नर्तकियों का असली मकसद है।

इस प्रकार के आयोजन होली के आसपास किए जाते और कितने ही युवा इस साजिश में फँसकर सदा के लिए अपने गाँव-घर से बिछड़ जाते। इस प्रकार के आयोजनों को होली या धमार के नाम से लोग जानते थे और जिस गाँव में भी यह उत्सव मनाया जाता था, उस गाँव में आसपास के गाँवों के सैकड़ों वृद्ध, युवक और बंच्चे होली गीत सुनने के लिए अथवा नृत्य देखने के लिए जुट जाते थे। लोगों की ऐसी मान्यता थी कि इन मंगलमुखियों के गायन-वादन में स्वर्गिक लाभ की प्राप्ति होती है।

एक महीने बाद होली का त्योहार आने वाला था। फिर भी लोगों में उत्साह

की लहरें दौड़ने लगी हैं। खेतों में नई बालियों को लहलहाते देखकर किसान का मन खुशी से नाच उठता है और इसी प्रसन्नता का प्रदर्शन करने के लिए वह भिन्न-भिन्न छंदों में और नाना प्रकार के गीतों के द्वारा अपनी प्रफुल्लता को उजागर करता हुआ प्रतीत होता है। अबीर-गुलाल से समस्त वातावरण को रंग देनेवाली उसकी अभिलाषा उसके सौंदर्यबोध का प्रतीक है और इस बात का स्पष्ट प्रमाण है कि भारत का किसान अपने राष्ट्र के भविष्य को गुलाल की तरह रंगीन बनाने का स्वप्न देखता है।

नर्तकियों का यह आयोजन विलासपुर में किया गया है और अपने गाँव के अन्य युवकों के साथ मंगल पांडे भी इस कार्यक्रम को देखने के लिए आया हुआ है। उसकी नजरों में केवल वही एक नर्तकी कौंध रही है, जो खाकी वरदी पहने हुए फौजी के वेष में नाच रही है और शेष मंडली का नेतृत्व कर रही है।

''उसकी आँखें तो देखो, धीर सिंह।'' मंगल ने अपने एक साथी से कहा, ''कैसी बड़ी-बड़ी हैं कमल जैसी।''

''और उसका रूप तो देखो। गदराए हुए आम के समान टपका पड़ रहा है।'' धीर सिंह ने कहा।

''मुझे तो केवल उसके नेत्र ही भले मालूम होते हैं। उनमें जो अछूता सौंदर्य है, वह न जाने क्यों अपनी ओर आकर्षित कर रहा है।'' मंगल बोला।

''अच्छा, एक और बात नहीं देखी, मंगल?''

''क्या?''

''उसकी थिरकन और वह सिपाही के बाने में बड़ी सुहावनी लग रही है।''

''तुझ्हारा आकर्षण उसके प्रति बढ़ता जा रहा है?''

''हाँ, मंगल! मैंने आज तक अपने जीवन में ऐसी नाचने वाली नहीं देखी। जब नाच खत्म हो जाएगा तो मैं उससे जरूर मिलूँगा।''

''कैसी बातें कर रहे हो, धीर सिंह! वह पेशेवर औरत है, उसका काम लोगों को ठगना और मूर्ख बनाकर अपना स्वार्थ सिद्ध करना है।''

''लेकिन मैं समझदार आदमी हूँ। अगर इसी को बुद्धू न बनाया तो अपना नाम ही बुद्धू रख लूँगा।''

''देखेंगे भाई, तुझ्हारा जौहर भी देखेंगे।''

इस तरफ धीरे-धीरे दोनों मित्रों की बातचीत चलती रही और उस तरफ नाच-गाने का कार्यक्रम बराबर चलता रहा। कुछ दर्शकों ने इनाम-इकराम के

रूप में नर्तकियों पर रुपए भी न्योछावर किए और कुछ लोगों ने केवल तालियाँ बजाकर नर्तकियों की कला की सराहना की। शाबाशी देनेवालों में उन नौजवानों की संज़्या अधिक थी, जो किसी-न-किसी नर्तकी तक अपना प्रणय निवेदन पहुँचाना चाहते थे। धीर सिंह भी उनमें से एक था। केवल मंगल ही ऐसा युवा था, जिसके मस्तिष्क में नर्तकी के चंचल चरणों की भाँति कुछ विचार थिरक रहे थे। सहसा उसने प्रसन्न मुद्रा में चुटकी बजाई और बोला, ''मिल गया! मिल गया!''

''क्या मिल गया, मंगल?'' धीरे से धीर सिंह ने पूछा।

''मेरे विचारों को मूर्त रूप मिल गया, धीर सिंह।''

''वह कैसे?''

''क्रांति के गीतों पर भारतीय जनता इसी प्रकार थिरक उठेगी, जैसे यह नर्तकी नाच रही है, लेकिन...।''

''लेकिन क्या मंगल?''

''लेकिन कोई ऐसा नाचने वाला होना चाहिए, जो अपनी कला से क्रांति की आराधना कर सके और वह नाच साधारण नाच नहीं होगा, धीर सिंह! ऐसा नाचने वाला तलवारों की ताल पर प्राणों के संगीत पर थिरकने वाला कोई शहीद ही हो सकता है।''

''तुज़्हारी राय में ऐसा कौन हो सकता है, जो तुज़्हारे स्वप्न को साकार कर सके?''

''जो स्वप्न देखता है, केवल वही उसे साकार कर सकता है। दूसरों का सहारा लेने वाले हमेशा मार्ग में रह जाते हैं, वे कभी अपने लक्ष्य तक नहीं पहुँच पाते।''

''फिर तुम क्या करना चाहते हो, मंगल?''

''मैं स्वयं रुद्र की तरह तांडव करूँगा, धीर सिंह! मुझे नटराज बनना ही पड़ेगा, जिसके दाहिने हाथ में क्रांति की गगनचुंबीनी ज्वाला होगी—देश के शत्रुओं को भस्म करने के लिए। दूसरे हाथ में कमल होगा, प्रणतजनों को अभयदान प्रदान करने के लिए और शेष दो हाथ मुझे अंतरिक्ष से प्राप्त होंगे, जिनमें से एक हाथ में डमरू होगा सोए हुए देशवासियों को जगाने के लिए और दूसरे हाथ में त्रिशूल होगा—भूत, भविष्य और वर्तमान को सत्यं, शिवं, सुंदरम् का स्वरूप प्रदान करने के लिए। मेरा तांडव देखना चाहोगे, धीर सिंह?''

"तुम्हारी बातें मेरी समझ में बिल्कुल नहीं आ रही हैं। आखिर तुम क्या कहना चाहते हो ?"

"यही तो मेरे देश का दुर्भाग्य है कि खौलता हुआ खून भी अपने वास्तविक स्वरूप को नहीं जानता, अपनी शक्ति को नहीं पहचानता।"

"मैं इतना जानता हूँ, मंगल ! तुम जो भी करना चाहोगे, मैं उसमें साथ देने के लिए सदा तैयार रहूँगा।"

नाच समाप्त हो चुका था। भोर होने ही वाली थी। नाच-गाने से लोग तृप्त हो गए थे और धीरे-धीरे भीड़ छँटने लगी थी। ऐसा लगता था, नर्तकियाँ भी काफी थक चुकी थीं और विश्राम की वेला का इंतजार कर रही थीं। समय पाकर धीर सिंह उस नर्तकी के पास पहुँचा, जो नर्तकियों की मंडली की संचालिका थी।

"मैं आपसे मिलना चाहता हूँ।" धीर सिंह ने कहा।

"आप कहाँ के रहने वाले हैं ?" अर्थपूर्ण नजरों से धीर सिंह को देखती हुई नर्तकी ने पूछा।

"मेरा गाँव नगवाँ है, जो यहाँ से दो कोस दूर है।"

"इस वक्त तो हम लोग बहुत थक गई हैं। अगर आप शाम को या दोपहर के बाद किसी भी समय इधर आने की तकलीफ करें तो जरूर आपसे मुलाकात हो सकेगी।"

"ठीक ही तो है धीर सिंह ! आखिर इतनी कड़ी मेहनत करने के बाद तुम इस महिला को आराम करने भी दोगे या नहीं।" मंगल ने कहा और धीर सिंह का हाथ पकड़कर खींचते हुए बोला, "चलो, हम लोग शाम तक आ जाएँगे।"

उतावला धीर सिंह चाहता था कि वह उसी समय अपने मन की बात नर्तकी से कह डाले, लेकिन मंगल के कारण उसे चुप रह जाना पड़ा। खाकी वरदी में नाचने वाली मुख्य नर्तकी से मिलने के लिए दूसरे युवक भी उतावले थे, लेकिन नर्तकी ने बड़ी चतुराई से सबको शांत करते हुए किसी को शाम को बुलाया, तो किसी को रात में या फिर अगले दिन आने के लिए कहा। नर्तकियाँ दो-तीन दिन यहीं ठहरने वाली थीं।

धीर सिंह के साथ मंगल अपने गाँव की दिशा में रवाना हो गया। दूसरी तरफ नर्तकियाँ विश्राम करने के लिए चली गईं। तहसीलदार के आदेश के अनुसार गाँव के मुखिया को इन नर्तकियों के खाने-पीने और ठहरने का प्रबंध करना पड़ा।

□

भरती के लिए प्रलोभन

"ऐसा मालूम होता है कि आसपास के इन गाँवों से हमें काफी तादाद में रंगरूट मिल जाएँगे।" उस व्यक्ति ने कहा, जो वेशभूषा से फौजी अफसर जान पड़ता था।

"जी हाँ, मेरा भी ऐसा ही खयाल है।" नर्तकी बोली, जिसका नाम चंपा था, "दोपहर से अभी तक हमें बाईस रंगरूट मिल चुके हैं और अभी आज की शाम और कल का दिन बाकी है।"

इसी समय धीर सिंह ने उस तंबू में प्रवेश किया, जिसमें चंपा और फौजी अफसर की बातचीत चल रही थी। चंपा ने मुसकराकर उसकी ओर देखा और उसे बड़े प्यार के साथ अपने पास बिठा लिया। धीर सिंह के दिल की धड़कन तेज हो गई। वह कई प्रकार के फल और एक लोटे में दही लेकर आया था—उसने वह सब मुसकराते हुए चंपा के सामने रख दिया।

"आपने यह सब लाने की तकलीफ क्यों उठाई?" चंपा ने नजाकत के साथ कहा।

"इसमें तकलीफ की क्या बात है! अपने घर आए मेहमान का स्वागत करना तो हमारा कर्तव्य है और वह भी तुम्हारे जैसा मेहमान हो तो।"

"शुक्रिया आपका!"

इसी बीच एक अन्य नर्तकी ने पान की तश्तरी पेश करते हुए धीर सिंह से पान लेने का अनुरोध किया, लेकिन उसने लिया नहीं।

"तुम्हारे हाथ से नहीं लेंगे, ठाकुर साहब। इनको तो चंपा ही पसंद है।"

हँसते हुए चंपा ने तश्तरी अपने हाथ में लेकर जब धीर सिंह के सामने रखी तो वह मना नहीं कर सका।

"मैं तुमसे कुछ बात करना चाहता हूँ।" धीर सिंह ने आँखों के इशारे से फौजी अफसर को वहाँ से बाहर भेजने के लिए कहा। फौजी अफसर हालात को भाँपकर चंपा की ओर देखते हुए तंबू से बाहर निकल गया। उसके पीछे-पीछे दूसरी नर्तकी भी तंबू से बाहर चली गई। धीर सिंह के कानों में बाहर से हँसी की आवाज सुनाई पड़ी।

धीर सिंह ने शरमाते हुए चंपा से कहा, "मैंने जब से तुझे देखा है, पता नहीं मुझे क्या हो गया है।"

"यह कोई बड़ी बात नहीं है। किसी भी नौजवान को खूबसूरती से प्यार हो ही जाता है।"

"मैं हमेशा तुझे अपने साथ रखना चाहता हूँ।" धीर सिंह ने कहा।

"लेकिन आप तो जानते ही हैं—मेरे रहन-सहन का खर्च ज्यादा है और शायद वह आपकी खेती-बाड़ी से पूरा नहीं हो सकेगा।"

"लेकिन मैं तुझे अपनी पत्नी की तरह रख लूँगा।"

"हीरे का मोल देना पड़ता है, कुँवरजी!" चंपा ने उसकी आँखों में आँखें डालते हुए कहा, "आप मुझे नहीं रख सकते तो मैं ही आपको अपने पास रख लूँगी और मेजर साहब से कहकर एक अच्छी सी नौकरी दिलवा दूँगी, फिर चिंता की कोई बात नहीं रहेगी। बोलिए, क्या मरजी है?"

"मुझे मंजूर है। मैं तो सिर्फ यही चाहता हूँ कि तुम सदा मेरे पास रहो।" धीर सिंह ने कहा।

चंपा उसे अपने साथ तंबू से बाहर ले गई और मेजर राम सिंह से उसका परिचय करवाते हुए उसे कोई अच्छी सी नौकरी देने की प्रार्थना की।

"यह नंबर तेईस है, मेजर साहब! और कुँवरजी को देखकर न जाने क्यों इन पर मेरा दिल आ गया है। आप मेरी खातिर ही इन्हें नौकरी दे दीजिए।"

"तुझारा कहना मैं नहीं टाल सकता हूँ, चंपा! नहीं तो इस समय नौकरी मिलना बड़ा कठिन है। कहिए कुँवरजी, मेहनत का काम कर सकेंगे आप!" मेजर ने धीर सिंह से पूछा।

"इन हाथों ने जमीन को खोदकर ढेले बनाए हैं और ढेलों को फोड़कर उनमें बीज उगाए हैं।"

"लेकिन हल की मुठिया थामने वाले हाथ बंदूक उठा सकेंगे?"

"साहब, तोप चलवाकर देख लीजिए। मेरा नाम धीर सिंह है, मैंने पीछे हटना नहीं सीखा।"

"तो फिर ठीक है। आप अपने घरवालों से पूछ लीजिए और कल शाम तक हमारे पास आ जाइए। परसों सुबह हम लोग यहाँ से चल देंगे।"

आदर के साथ मेजर को धन्यवाद कहकर धीर सिंह देर तक चंपा के साथ बैठकर बातें करता रहा और संध्या के झुटपुटे में वह अपने गाँव वापस लौट पड़ा।

शाम को जब धीर सिंह मंगल से मिला तो उसने बताया कि किस प्रकार चंपा से उसकी भेंट हुई और उसने फौज में भरती होने के लिए हामी भरकर किस तरह चंपा के दिल में जगह बना ली है।

"तुम बहुत सीधे मालूम होते हो, धीर सिंह!" मंगल बोला, "संसार में दो ही चीजें हैं, जिन्होंने कभी किसी का साथ नहीं दिया।"

"कौन-कौन मंगल?"

"पेशेवर औरतें और अंग्रेज। ये दोनों पैसे और समय के साथी रहे हैं। मकड़ी की तरह जाल फैलाकर मक्खी को फँसा लेना इन्हें खूब आता है, और मुझे यह जानकर अफसोस हो रहा है कि तुम एक पेशेवर औरत के लिए फौज में भरती होने जा रहे हो।"

"तुम इस बात का गलत अर्थ क्यों निकाल रहे हो, मंगल? मुझे चंपा धोखा नहीं दे पाएगी।" धीर सिंह ने आत्मविश्वास के साथ कहा।

"भोलापन जब अज्ञान की सीमा तक पहुँच जाता है तो मूर्खता बन जाता है। तुम जिस चंपा के प्रति इस कदर आकर्षित हो गए हो, उसके हृदय में धोखे का नुकीला काँटा छिपा हुआ है। एक दिन वह चुभेगा जरूर।"

"जो होगा वह देखा जाएगा। अब फैसला ले लिया है तो अंजाम से डरकर क्या होगा!"

युवक मंगल पांडे किसी गहरी सोच में डूब गया।

◻

फौज में बहाली

"**सी**ज़्स टू बी ए गुड यंग मैन।" (अच्छा जवान दिखाई देता है)। फौजी अंग्रेज अफसर ने अपने साथी से कहा।

"आई थिंक सो।" (मैं भी ऐसा ही खयाल रखता हूँ।) उसके साथ खड़े हुए भारतीय मेजर ने सहमति की मुद्रा में सिर हिलाया।

"देखो मैन! हम तुमको मिलिट्री में रखना माँगता है।" गोरे अफसर ने उसी की ओर मुड़ते हुए कहा, "तुम खूब मेहनत से काम करेगा—बोलो!"

"यस सर!" नौजवान ने उज़र दिया।

"गुड! तुम अंग्रेजी भी जानता है?"

"ए लिटिल—थोड़ा जानता है सर।"

"किधर पढ़ा है?"

"अपने गाँव में। उधर एक अंग्रेज लेडी आती थी। उसी ने बहुत दिनों तक पढ़ाया है।"

अंग्रेज अफसर बहुत प्रसन्न हुआ और उसने तत्काल हिंदुस्तानी मेजर को आदेश दिया कि वह उस नौजवान को सेना में भरती कर ले। इतना कहने के बाद अफसर बँगले की तरफ चला गया।

"देखो सिपाही! मन लगाकर काम करना। यहाँ बहुत से नौजवान आते हैं और परेड की मेहनत से घबराकर भाग जाते हैं। तुम ऐसा मत करना।"

"नहीं साहब! आपको शिकायत का कोई मौका नहीं मिलेगा।"

"तुझारी कंपनी का नंबर उन्नीस है। मेरे साथ आओ, मैं तुझें वहाँ तक ले चलूँगा। अभी तुमको पहनने के लिए खाकी वरदी भी मिल जाएगी।"

"और साहब बंदूक?"

"इतनी जल्दी बंदूक माँगते हो? अभी तो शायद तुझें उसको पकड़ना

भी नहीं आता होगा। थोड़ा धीरज रखो, जब तुम बंदूक चलाना सीख जाओगे तो तुमको वह भी मिल जाएगी। चलो।''

''जो आपकी आज्ञा। चलिए, मैं आपके साथ चलता हूँ।''

भारतीय मेजर जब इस नौजवान सिपाही को लेकर आगे बढ़ गया तो परेड मैदान के पास से किसी ने उसका नाम लेकर पीछे से पुकारा—''मंगल! मंगल!''

दूसरे ही क्षण मंगल पांडे ने पलटकर देखा और सुखद आश्चर्य का भाव उनके चेहरे पर आ गया। उसने कहा, ''धीर सिंह! तुम यहाँ?''

''हाँ मंगल, मैं भी यहीं हूँ।'' उसने पास आते हुए कहा और मेजर को सलाम करते हुए धीर सिंह ने कहा, ''साहब! बड़ी हिज़्मत वाला आदमी है।''

''तुज़्हारे गाँव का है?'' मेजर ने पूछा।

''जी हाँ। इसे आप मेरी सिफारिश पर भरती कर लीजिए।'' धीर सिंह ने अनुरोध किया।

''इस नौजवान को किसी की सिफारिश की जरूरत नहीं है, सिपाही! यह किसी तवायफ के चक्कर में पड़कर मिलिट्री में नहीं आया है। लगता है, यह अपने देश और अपने प्रजा की सेवा करना चाहता है।''

''आप ठीक कह रहे हैं, साहब।'' कुछ झेंपते हुए धीर सिंह ने कहा।

''इस नौजवान मंगल पांडे को 19 नंबर वाली पलटन में रखा गया है। तुम कभी-कभी मिल लिया करो। इस वक्त मैं इसे स्टोर-रूम की तरफ ले जा रहा हूँ।''

''अगर आप इजाजत दें तो…।'' धीर सिंह ने संकोच के साथ कहा।

''चल सकते हो मंगल के साथ।'' मेजर ने कहा।

स्टोर-रूम में नए कपड़े और पैरों में भारी जूते पहनकर मंगल जब अपनी बैरक की ओर चलने लगा तो उनकी आँखों में चमक आ गई। उसने धीर सिंह की तरह ही मेजर को 'जूता ठोंक' सलाम किया।

''वेलडन ज़्यॉय!'' इतना कहकर अत्यंत प्रसन्न मुद्रा में मेजर आगे बढ़ गया।

''कहो, कैसी गुजरी धीर सिंह! तुज़्हारी चंपा का क्या हाल है?'' मंगल ने मुसकराते हुए पूछा।

"अगर तुझारी बात मान लेता तो अच्छा ही रहता। यहाँ तो दोनों दीन से गए पांडे—न हलुवा रहे न मांडे!"

"क्यों? क्या हुआ?"

"बस चंपा का काँटा लग गया। मेरे साथ कुल सज़ाईस नौजवान फौज में भरती होने के लिए आ गए। यहाँ हम लोगों की बड़ी खातिरदारी की गई। कई सप्ताह तक कुछ भी काम नहीं, बस खाना-पीना और नाचना-गाना। धीरे-धीरे परेड शुरू हुई और अब तो कई घंटों तक ऐसी मेहनत करनी पड़ती है कि बंदूक को भी पसीना आ जाता है।"

"क्या मतलब?"

"इसका नाम है मिलिट्री। ऑर्डर तो ऑर्डर है। जरा भी गलती हुई कि चौदह मील तक चक्कर लगाने के लिए भेज दिया जाता है। हाँफते-हाँफते दम निकलने लगता है।"

"फिर तुझारी चंपा का क्या हुआ?"

"वही तो बता रहा हूँ। दो सप्ताह तक उसके पास आना-जाना होता रहा, उसके बाद उसने गिरगिट की तरह रंग बदल लिया। उसने अपने रुपए सीधे कर लिये।"

"कैसे?"

"हरेक रंगरूट की भरती के बदले उसे एक सौ रुपए मिलते हैं। तनज्वाह ऊपर से, आने-जाने का भज़ा अलग।"

"चलो, कोई बात नहीं। आदमी ठोकर खाकर ही ठाकुर बनता है।"

"लेकिन मैं तो ठोकर खाकर गिर पड़ा, मंगल!"

"अब सँभल जाओ दोस्त! झूठा प्रेम, नकली आकर्षण तुझें मिलिट्री तक खींच लाया है। ऐसे ही हजारों नौजवान अंग्रेजों की सेना में भरती किए गए हैं। अंग्रेज बहादुर की नजरों में एक हिंदुस्तानी नौजवान के प्राण की कीमत सिर्फ 14-15 रुपए है। गाय भी 20-25 रुपए से कम में नहीं आती। एक बकरी के बराबर भी आदमी की कीमत नहीं है।"

"तुम ठीक ही कह रहे हो, मंगल।"

"अच्छा तो मिलते रहना। तुम किस नंबर की पलटन में हो?"

"अठारह नंबर में।"

"धीर सिंह! कुछ-न-कुछ करना होगा।"

"मैं तुम्हारे साथ हूँ, मंगल।"

"सोच-समझकर हामी भर रहे हो न?"

"आदमी एक बार परखा जाता है, मंगल! मैंने तुम्हें अच्छी तरह पहचान लिया है। जो कहोगे, वही करूँगा। चाहे जान चली जाए।"

"मुझे तुमसे यही उज्मीद थी, धीर सिंह! हमें अपनी मातृभूमि के लिए कुछ करना होगा।"

मंगल अपनी बैरक में जाकर 'नायक' से मिला, जहाँ उसके रहने का इंतजाम किया गया था।

☐

बादशाह की विवशता

प्राय: लोग मानते रहे हैं कि शायरी और बादशाहत का अथवा काव्य और शासन का रिश्ता सही नहीं होता। शासन के लिए मस्तिष्क का सतत सक्रिय होना जरूरी है तो कविता के लिए भावुक हृदय का होना जरूरी है, परंतु अपवाद तो हर मामले में होते हैं। इसी का एक उदाहरण भारतीय इतिहास में दिल्ली के सम्राट् बहादुरशाह थे, जो शासक भी थे और शायर भी, 'जफर' उनका उपनाम अर्थात् तखल्लुस था। शायरी की दुनिया में विचरण करने के साथ-साथ वे सिंहासन पर बैठकर राजनीतिक चिंतन भी किया करते थे। मलिका जीनत महल ने भी प्राचीन परंपरा को कायम रखा था। वह भी बादशाह सलामत के साथ विचार-विमर्श में भागीदारी किया करती थी और कभी-कभी तो ऐसे सुझाव देती थी, जिसे सुनकर बादशाह भी चकित रह जाते थे। देश की प्रजा समृद्ध और सुखी थी।

प्रत्येक ईद को, नौरोज के दिन और सम्राट् की सालगिरह पर दरबार लगता था। अंग्रेज-कंपनी सरकार का गवर्नर जनरल और कमांडर-इन-चीफ दरबार में हाजिर होकर बादशाह को नजरें पेश करते थे और आदाब बजाया करते थे। सन् 1837 में जब बहादुरशाह सिंहासन पर आसीन हुए तो उस समय भी नजरें पेश की गईं। परंतु कुछ वर्षों के बाद जब लॉर्ड एलेन ब्रू गवर्नर जनरल होकर आया तो उसने नजरें देना बंद कर दिया। कवि हृदय सम्राट् को इस बात से जो दु:ख हुआ, सो तो हुआ ही, दिल्ली की तमाम जनता का हृदय इस अपमान से धधक उठा और धीरे-धीरे जनता विद्रोह की चिनगारी सुलगा रहे नेताओं के विचारों से प्रभावित होने लगी।

"सम्राट् के ऊपरी वैभव और ऐश्वर्य के अनेक आभूषण उतर चुके हैं। उनके वैभव की पहले जैसी चमक-दमक शेष नहीं रही है और दिल्ली सम्राट्

के वे अधिकार भी लगभग एक-एक करके छीने जा चुके हैं, जिन पर तैमूर के वंशजों को बड़ा अभिमान था। इसलिए बहादुरशाह की मृत्यु के पश्चात् कलम के तनिक से इशारे से 'बादशाह' की उपाधि का अंत कर देना कोई मुश्किल नहीं है। बादशाह की नजर जो गवर्नर जनरल और कमांडर-इन-चीफ देते थे, बंद हो गई। कंपनी का सिक्का जो बादशाह के नाम से ढाला जाता था, वह भी बंद कर दिया गया। गवर्नर जनरल की मोहर में जो पहले 'बादशाह का फिदवी खास' खुदा रहता था, वह भी निकाल दिया गया। हिंदुस्तानी रईसों को मना कर दिया गया कि वे भी अपनी मोहरों में बादशाह के लिए ऐसे शज़्दों का प्रयोग न करें। इन सब बातों के बाद अब गवर्नमेंट ने फैसला कर लिया है कि दिखावे की भी अब कोई ऐसी बात शेष नहीं रखी जाए, जिससे हमारी गवर्नमेंट बादशाह के अधीन मालूम हो। इसलिए दिल्ली के 'बादशाह' की उपाधि एक ऐसी उपाधि है, जिसका रहने देना या न रहने देना गवर्नमेंट की इच्छा पर निर्भर है।'' तत्कालीन रेजीडेंट के निजी सचिव ने वह पत्र पढ़कर सुनाया जो गवर्नर जनरल की ओर से प्राप्त हुआ था।

''ठीक है। इसके सिवा हमारे पास विकल्प ही क्या है?'' रेजीडेंट ने कहा।

''मिर्जा कोयाश तशरीफ लाए हैं।'' संतरी ने सूचना दी।

''भीतर आने दो।'' सेक्रेटरी बोला।

कुछ ही देर में जब मिर्जा कोयाश भीतर आया तो रेजीडेंट ने उठकर उससे हाथ मिलाया और बड़े आदरपूर्वक उसे अपने पास बिठा लिया।

''कहिए, आपने क्या तय किया?'' रेजीडेंट ने पूछा।

''मैं तैयार हूँ।'' कोयाश बोला।

''हम जानते थे। मिर्जा साहब! आप हमारी शर्तें मान लेंगे, क्योंकि आप बहुत अच्छे और भले नौजवान हैं। आपको बादशाह सलामत की गद्दी पर देखकर हम लोगों को बड़ी खुशी होगी।'' रेजीडेंट ने तनिक खुशामद के लहजे में कहा।

''आपका शुक्रिया साहब! हम तो शुरू से ही आपके अहसानमंद हैं। अज़्बा हुजूर सबसे पहले भाईजान दाराबज़्त को अपना जानशीन बनाना चाहते थे, लेकिन 1839 में वे मलिकुलमौत के मेहमान हो गए। खुदा उनकी रूह की मगफरत करे। अच्छे आदमी थे।''

"और उसके बाद बादशाह सलामत जवाँबज़्त को युवराज बनाना चाहते थे, लेकिन मिर्जा फखरू ने मौके का फायदा उठाया और कंपनी सरकार की सहायता से युवराज बन गए। आप उस वक्त काफी छोटे थे।" रेजीडेंट ने कहा।

"जी हाँ, लेकिन कजा इलाही वह भी 1854 में अल्लाह को प्यारे हो गए और मातमपुर्सी के लिए जब आप तशरीफ ले गए थे, तब बादशाह सलामत ने खुद जवाँबज़्त पेश किया था, मिर्जा कोयाश ने कुछ भारी लहजे में कहा और उन्होंने शायद इसी मामले पर एक खत भी गवर्नर जनरल बहादुर के नाम दिया था।"

"जी हाँ, उस पर बाकी आठ शहजादों ने दस्तखत करके अपनी मंजूरी भी दे दी थी। आपने भी तो अपनी सही उस पर दी थी!"

"चारा ही क्या था? मेरा कोई मददगार नहीं था।"

"लेकिन हमारी नजरें आप पर बहुत पहले ही पड़ चुकी थीं, मिर्जा साहब! इंग्लैंड से आकर हिंदुस्तान में सल्तनत कायम करना कोई मजाक नहीं है। अंग्रेज की नजरें फौरन दोस्त और दुश्मन की पहचान कर लेती हैं। बादशाह सलामत के नौ बेटों में मुझे आप ही काबिल-इतमीनान दिखाई दिए।" रेजीडेंट ने मिर्जा को खुश करने के लिए कहा।

"यह तो आपकी बंदानवाजी है, रेजीडेंट साहब! वक्त आने दीजिए, मैं अपनी खिदमत से आपको खुश कर दूँगा।" मिर्जा कोयाश ने विनम्रता प्रदर्शित करते हुए कहा।

"लेकिन यह फरमान है। कंपनी सरकार की तरफ से गवर्नर जनरल ने आपको हिंदुस्तान का वली अहद तसलीम किया है।"

"इस इनायत और मुहज़्बत का शुक्रिया।" फरमान हाथ में लेकर कुर्सी से आधा उठकर और झुककर बहादुरशाह जफर के पुत्र मिर्जा कोयाश ने बड़ी अदा से रेजीडेंट को सलाम पेश किया।

"तशरीफ रखिए," रेजीडेंट ने कहा, "वह हमारा काम था और अब आपका काम बाकी है। यह कागज आपके दस्तखत के लिए हाजिर है। आप इन शर्तों को पढ़ लीजिए।"

"पढ़ना क्या है, मैं दस्तखत किए देता हूँ। यह लीजिए।" इतना कहते हुए मिर्जा कोयाश ने उस कागज पर कोमल हाथों से मुगल साम्राज्य के भाव

पर कठोर लिपि में अपना नाम लिख दिया।

"आप ही पढ़कर सुना दीजिए, क्या-क्या शर्तें रखी गई हैं।"

"पहली शर्त यह है कि आपको 'बादशाह' की जगह सिर्फ 'शहजादा' कहा जाएगा। दूसरी शर्त यह है कि आपको दिल्ली का किला खाली करना होगा और तीसरी शर्त यह है कि आपको जो मासिक जेबखर्च के रूप में एक लाख रुपए मिलते हैं, उसके स्थान पर हर महीने पंद्रह हजार रुपए दिए जाएँगे।"

मिर्जा कोयाश शर्तों को सुनकर स्तब्ध रह गया। वह रेजीडेंट को सलाम करके वापस आ गया।

"अगर आप अपने बाकी तमाम हुकूक हमारे सुपुर्द कर दें और यह भी लिखकर बाकायदा कंपनी सरकार को दे दें कि आप या आपके जानशीन या आपके रिश्तेदार कभी भी कंपनी सरकार से किसी किस्म का मुआवजा नहीं माँगेंगे तो कंपनी सरकार आपकी पेंशन की राशि बढ़ा सकती है।"

वजीरे-आजम ने बहादुरशाह को कंपनी सरकार का वह खत पढ़कर सुनाया, जिसके द्वारा बादशाह सलामत की उस प्रार्थना को अस्वीकृत कर दिया गया, जिसके अनुसार उन्होंने अपने खर्च की राशि बढ़ाने की माँग की थी।

"वक्त जो कुछ न दिखाए, वही गनीमत है, वजीरे-आजम! दिल्ली का बादशाह जो हिंदुस्तान के तमाम खजानों का मालिक समझा जाता था, आज उसको एक गैर-कौम की सरकार के सामने सिर झुकाना पड़ रहा है।" बहादुरशाह 'जफर' की आवाज में दर्द घुला हुआ था।

"तबीयत को इस कदर नाउम्मीद मत बनाइए शहंशाहे-दो-आलम! खुदा के फजल से यह वक्त भी नहीं रहेगा।" वजीरे-आजम ने तसल्ली देते हुए कहा।

"वजीरे-आजम! यह सही है कि फकीर की फिक्र अल्लाह करता है, लेकिन दुनिया की फिक्र फकीर को होती है। मुझे अपने बारे में किसी तरह की चिंता नहीं है, लेकिन मैं उन हजारों लोगों के बारे में सोच रहा हूँ, जिनकी गुजर-बसर दिल्ली के खजाने से होती रही है। तुम जानते ही हो, अंग्रेजों ने हमारी सालाना नजरें भी बंद कर दी हैं।" बादशाह ने कहा।

"उँगली पकड़कर पहुँचा पकड़ना इसी को कहते हैं, हुजूर! न जाने

हमारी क्या बदकिस्मती है कि हमारे जिन दो-दो शहजादों के डर से अंग्रेज काँप उठते थे, वे दोनों ही हमारा साथ छोड़कर अल्लाह पाक की खिदमत में चले गए।'' वजीरेआजम ने भरे हुए गले से अपना दुःख प्रकट किया।

''दाराबज़्त, जवाँबज़्त और फखरू, तीनों ही शहजादे होनहार और होशियार रहे हैं। जवाँबज़्त तो आज भी अपने सलाह-मशवरे से हमारे दिल में मसईत पैदा करता है। काश! वे दोनों भी इस वक्त जिंदा होते तो यकीनन कंपनी सरकार की हिज़्मत नहीं होती कि वह इस तरह बेहूदा जवाब भेजकर हमारी बेइज्जती करती।''

आजकल मिर्जा कोयाश रेजीडेंट साहब से बराबर मिलते रहते हैं। खुदा जाने, ये अंग्रेज लोग क्या करना चाहते हैं! लॉर्ड डलहौजी ने इनाम कमीशन मुकर्रर करके इक्कीस हजार पुरानी जमींदारियाँ और जागीरें जज़्त कर ली हैं। इसके अलावा सतारा, पंजाब, झाँसी, नागपुर, पेगु, सिक्किम और संभलपुर वगैरह कितनी ही रियासतों को कंपनी के राज में मिला लिया है।''

''सोचना होगा वजीरे-आजम! कल जीनत महल बेगम कह रही थीं कि एक ऐसा इनकलाब आएगा कि अंग्रेजी राज और ताज दरहम-बरहम हो जाएगा। धर्म के नाम पर, कौम के नाम पर, बदला लेने के लिए और अपनी उज़्मीदों के सपनों को पूरा करने के लिए हिंदुस्तान जाग उठेगा, एक जंग होगी खौफनाक किस्म की, जिसमें जो कुछ न हो जाए, वही थोड़ा होगा।'' बहादुरशाह ने कहा।

''मलिका ने जो कुछ भी बातें कही हैं, वे उनकी दूरंदेशी का नमूना हैं। वे हर बात को बहुत नाप-तौलकर कहती हैं। अंग्रेज सरकार ने अवध के नवाब जैसे अपने वफादार दोस्त और मददगार का राज छीन लिया! अब जनता समझ गई है कि अंग्रेजों के साथ वफादारी करने से कोई फायदा नहीं है।''

''आसार तो अच्छे ही नजर आ रहे हैं, वजीरे-आजम। क्रांति का बीज बो दिया गया है, फिर चाहे उसे बिठूर में बोया गया हो या इंगलिस्तान में।''

''इंगलिस्तान में? यह आप क्या फरमा रहे हैं, हुजूरे-आला?''

''यह भी एक राज है, वजीरे-आजम! अपनी सालाना पेंशन को बराबर कायम रखने के लिए नाना साहब ने अपने वकील अजीमुल्ला खाँ को इंगलिस्तान भेजा था। बोलने में तो वह चतुर है ही, उसकी सूरत में भी एक अजीब किस्म

का खिंचाव है। ऊँचे-ऊँचे अंग्रेज अफसरों की बीवियाँ उसे देखकर अपने आपको भूल जाती हैं, फिर भी अजीमुल्ला अपने फर्ज से पीछे नहीं हटा, लेकिन उसे कामयाबी नसीब नहीं हुई। इसी मौके पर सतारा के राजा की तरफ से पैरवी करने वाले रंगोजी बापू से अजीमुल्ला की मुलाकात हुई और दोनों की नाकामयाबी हिंदुस्तान में बगावत का जज्बा उभारने की तरफ झुक गई। दोनों यूरोप का दौरा कर वापस आ चुके हैं और हिंदुस्तान में बगावत को सुलगा रहे हैं।''

''आप सही फरमा रहे हैं, हुजूर!''

''बिठूर से यह रोशनी जगमगाई है। 31 मई को सबकुछ तय हो जाएगा। एक दरबार से दूसरे दरबार तक, भारत के एक कोने से दूसरे कोने तक खतो-किताबत के जरिए सबको दावते-जंग दी जा चुकी है।''

''अल्लाह कौम के इन फकीरों को कामयाबी दे।''

दासी ने आकर अर्ज किया कि मलिका-ए-मोअज्जमा बादशाह सलामत के इंतजार में हैं। दस्तरखान सजाया जा चुका है।

☐

क्रांति की चिनगारी

"आप सुनना चाहते हैं, मेरे अजीज भाइयो! सौ साल से हिंदुस्तान को तबाहो-गारत किया जा रहा है। मुल्क, मजहब, मंदिर और मसजिद कोई भी खतरे से खाली नहीं है। आज हम अपने घरों में होते हुए भी अपने घरों के मालिक नहीं हैं। क्लाइव से लेकर डलहौजी के समय तक ईस्ट इंडिया कंपनी के नुमाइंदों ने किस तरह वादाखिलाफी की है और अपने दस्तखत किए हुए सुलहनामों की परवाह न करते हुए राजाओं और नवाबों को खत्म किया है! हिंदुस्तान की रियासतों को मनमाने ढंग से अंग्रेजी राज में शामिल किया गया है—यह हमारे लिए खतरे की बात है। मुल्क के काम-धंधों को जिस तरह से बरबाद किया गया है और जिस तरह बेगमों और रानियों को लूटा गया है, उनकी बेइज्जती की गई है, उनका अपमान किया गया है, बड़े-बड़े जमींदारों की जमींदारियाँ खत्म करके पुराने घरों को मिट्टी में मिला दिया गया है—इन बातों को भुलाया नहीं जा सकता। बनारस और गोरखपुर के लाखों किसानों को भिखारी बना दिया गया, उनके पुरखों की जायदाद और जमीन छीनकर उन्हें बेहाल बना दिया गया। ऐसी बातें किसी भी हिंदुस्तानी के दिल में इनकलाब की आग भड़का देने के लिए काफी हैं। मेरे अजीज दोस्तो, हमें प्लासी के खून का बदला लेना है। मीर कासिम और मीर जाफर के कत्ल का बदला लेना है। हिंदुस्तान के लाल नक्शे का रंग बदलकर अपना केसरिया बाना उसे पहनाना है। गुलाम हिंदुस्तान में न कोई हिंदू है, न कोई मुसलमान है। गुलाम का सबसे बड़ा मजहब, उसका सबसे बड़ा ईमान मुल्क की आजादी है।"

लखनऊ से कुछ दूर एक बड़े मैदान में, जहाँ बरगद के पेड़ के चारों ओर हजारों आदमी बैठे हुए थे, क्रांति के मुख्य प्रचारक फैजाबाद के एक

जमींदार मौलवी अहमद शाह का जोशीला भाषण हो रहा था। श्रोताओं के दिमाग में अंग्रेजों के विरुद्ध घृणा का भाव पैदा हो रहा था।

प्रभावशाली भाषण के बीच लोगों ने मौलवी अहमद शाह का जय-जयकार किया तो कुछ प्रसन्नता का अनुभव करते हुए उन्होंने अपने भाषण को आगे बढ़ाया—''जब डलहौजी हिंदुस्तान में वायसराय बनकर आया तो कंपनी और इंग्लैंड के लोगों की खूनी प्यास हद से ज्यादा बढ़ गई। डलहौजी ने पंजाब के महाराजा रणजीत सिंह के साथ जो सुलहनामा किया था, उसे फाड़कर फेंक दिया गया। पंजाब पर हमला किया गया, लाहौर दरबार के अंदर फूट पैदा की गई, दलीप सिंह और उनकी विधवा माता महारानी झिंदा को न सिर्फ पंजाब से बाहर किया गया, बल्कि हिंदुस्तान से भी निकाल दिया गया। पंजाब का तमाम इलाका कंपनी ने अपने हाथ में ले लिया। दूसरी तरफ बर्मा के साथ लड़ाई शुरू कर दी गई और पेगू के सूबे को जबरदस्ती छीन लिया गया। अभी हाल में सन् 1856 में अवध के तमाम सूबों को कंपनी ने जिस बेईमानी से हड़प लिया है और नवाब वाजिद अली शाह को कलकजे में कैद कर रखा है—वे सभी बातें शर्मनाक हैं। इसीलिए मैं कहता हूँ भाइयो, उठिए और इस अंग्रेजी सल्तनत को उखाड़ फेंकिए।''

''हम प्लासी का बदला लेंगे।'' हजारों कंठों से यही नारा गूँज उठा और सभा खत्म होने पर प्रत्येक व्यक्ति के मन में क्रांति की ज्वाला धधक उठी।

''इसी आगरा के पास झाँसी है और पास में ग्वालियर है, धौलपुर है—इन तमाम राजाओं के साथ बेईमान कंपनी सरकार ने क्या कुछ नहीं किया है। झाँसी की रानी जिस राजकुमार को गोद लेना चाहती थी, अंग्रेजों ने उसे मंजूर नहीं किया—क्यों? हमारा राज, हमारा ताज और आज हमको इतना भी अधिकार नहीं है कि हम अपनी गोद में एक मासूम बच्चे को पनाह भी दे सकें? यह सब क्या है? फरेब है, जाल है, अन्याय है, धोखा है। सच्चाई को जमीन में दफ्ना दिया गया है। हमारा मजहब, हमारा धर्म, हमारा ईमान सबकुछ खतरे में है। अंग्रेजी राज की बुनियाद एक ऐसे पतले छिलके के ऊपर कायम है, जो किसी भी समय टुकड़े-टुकड़े किया जा सकता है। इसलिए उठो मेरे दोस्तो! मेरे भाइयो! तुम चाहे हिंदू हो या मुसलमान, तुम्हारा धर्म बगावत है। फाँसी का फंदा तुम्हारी निजात है, तुम्हारी मुक्ति है। आज

तुझ्हें उस तरफ चलना है, जहाँ भारतमाता बैठी हुई तुझ्हारा इंतजार कर रही है। गुलाम की सबसे बड़ी पूजा, सबसे बड़ा सजदा, सबसे बड़ी नमाज और सबसे बड़ा धर्म सिर्फ आजादी हासिल करना है।''

आगरा के विशाल मैदान में मौलवी अहमद शाह ने अपना भाषण जारी रखते हुए कहा, ''हिंदुस्तानी फौज में बहुत से कर्नल और दूसरे अफसर बराबर ईसाई धर्म का प्रचार कर रहे हैं। ऐसे अफसरों का एक गुट है, जो किसी-न-किसी तरह हिंदुस्तानी लोगों को ईसाई बनाने की कोशिश कर रहा है। ऐसे लोग फौज में इसलिए भरती नहीं हुए हैं कि फौजी कौम उनकी फितरत के मुताबिक है और न इस खयाल से भरती हुए हैं कि उनको फौज से अपनी रोजी पैदा करनी है। ऐसे लोगों का सिर्फ एक ही मकसद है कि इस जरिए से लोगों को ईसाई बनाया जाए। फौज को उन्होंने खास तौर पर इसलिए चुना कि अमन के दिनों में फौज के भीतर सिपाहियों और अफसरों को हद दरजे की फुरसत होती है। ईसाई मिशनरियों की तरह गाँव-गाँव भटकना नहीं पड़ता और बिना किसी मेहनत के या बिना किसी खर्चे के बहुत से गैर-ईसाई मिल जाते हैं। इन लोगों ने हिंदू और मुसलमान अफसरों तथा सिपाहियों के बीच ईसाई धर्म की किताबों के उर्दू और हिंदी तजुर्मात मुफ्त बाँटने शुरू कर दिए हैं। शुरू-शुरू में दिली नफरत रखते हुए भी हिंदुस्तानी सिपाहियों ने इसे बरदाश्त कर लिया, लेकिन आज हालत यह है कि हिंदुस्तानी सिपाहियों का दिल डोल गया है, चारों तरफ से हिंदू और मुसलमान दोनों के देवी-देवताओं और पैगंबरों को बुरा-भला कहा जा रहा है।

''सन् 1849 में कंपनी ने पंजाब पर अपना कज्जा जमा लिया और इस बात की पूरी कोशिश की गई कि पंजाब को एक ऐसा ईसाई सूबा बना दिया जाए, जो बेमिसाल हो। सर हेनरी लॉरेंस, सर जोन लॉरेंस, सर राबर्ट मांटगुमरी, डोनाल्ड मेक्नीआल्ड और कर्नल एडवर्ड्स जैसे पंजाब के हुक्मरानों की यही राय थी कि पंजाब में तालीमात का दफ्तर और तमाम प्रचार का काम ईसाई पादरियों के हाथों में दे दिया जाए। सरकार की तरफ से मदरसों और कॉलेजों को इमदाद दी जाए और तमाम सरकारी तालीमी इदारों को खत्म कर दिया जाए। सब जगह बाइबिल को पढ़ाना लाजिमी कर दिया जाए। मीलाद शरीफ और भजन-कीर्तन जबरन बंद कर दिए जाएँ। हिंदू धर्म या मुसलमान को किसी भी तरह की मदद नहीं दी जाए। यह सबकुछ मजहबी जोश है और

इसका मतलब सिर्फ यह है कि तमाम हिंदुस्तानी लोग ईसाई बन जाएँ।

"सन् 1806 में बेलौर के सिपाहियों ने जो बगावत की, उसकी वजह यही थी कि वे अपने धर्म को छोड़ नहीं सकते थे। जो लोग अंग्रेजों के प्रलोभन के चलते ईसाई बन चुके हैं, उनके हितों की हिफाजत के लिए लॉर्ड विलियम बैंटिक ने सन् 1832 में यह कानून बनाया कि जो लोग ईसाई हो जाएँगे, अपने बाप-दादा की जायदाद में उनका हिस्सा और कज्जा बराबर मिलेगा और रहेगा। पुराने जमाने के मंदिरों और मसजिदों की जागीरें छीन ली गई हैं और आज भी भारत के खजाने से करोड़ों रुपए पादरी लोगों को तनख्वाह की तरह बाँटे जा रहे हैं। हमें इन तमाम साजिशों का मुकाबला करना है और अपने मजहब की तथा मुल्क की हिफाजत के लिए हथियार उठा लेना है।"

श्रोताओं ने कहा, "भारत की आजादी जिंदाबाद! हम प्लासी का बदला लेंगे!"

"जब-जब धर्म की हानि होती है और अधर्म का उत्थान होता है, तब-तब भगवान् अवतार लेते हैं। पृथ्वी व्याकुल होकर गाय का रूप धारण कर भगवान् विष्णु की सेवा में निवेदन करती है—हे प्रभु! दुष्टों का दमन करो और म्लेच्छों से भारत की रक्षा करो। श्रोतागण! आज देश में धार्मिक अत्याचार और अनाचार का बोलबाला है। रावण राज्य में हिंदू धर्म के पवित्रतम सिद्धांतों की अवहेलना की जा रही है। संसार के सबसे प्राचीन उच्च कुलों को निर्मूल कर दिया गया है। आज हम लोग जाति-भ्रष्ट हो चुके हैं।" काशी के दशाश्वमेध घाट पर रामायण की कथा सुनाते हुए पंडित रामदीन ने कहा, "भाइयो और बहनो! क्रांति का समय आ चुका है। आप लोग अपने धर्म के नाम पर, अपनी कौम के नाम पर और अपने देश के नाम पर निर्दोष लोगों की हत्या का प्रतिशोध लेने के लिए और स्वतंत्रता का सवेरा लाने के लिए उठ खड़े हो जाइए। आज समूचे देशवासियों को शपथ लेनी है कि विदेशी जुआ उतारकर फेंक दिया जाएगा। राम का नाम आपके साथ है। भगवान् की कृपा से आपका मंगल होगा।"

राम और रावण के संघर्ष की कथा सुनकर उठने वाले श्रोताओं के मन में क्रांति की आग सुलगने लगी।

"केवल तीस दिनों के भीतर लॉर्ड डलहौजी ने दो विशाल राज्यों को

समाप्त कर दिया। नागपुर के अंतिम राजा राघवजी भोंसले का देहांत 11 दिसंबर, 1853 को हुआ। आप लोग जानते हैं कि महाराज भोंसले कितने बुद्धिमान और भले राजा थे। आज डलहौजी और उसके उज़राधिकारी दिवंगत महाराज के विरुद्ध विष-वमन कर रहे हैं। 28 जनवरी, 1854 को यह घोषणा की गई कि नागपुर के सिंहासन का कोई व्यक्ति अधिकारी नहीं है और विधवा महारानी के दज़क पुत्र यशवंत राव को यह बताया गया कि महारानी उनको महाराज बनाना नहीं चाहती हैं। इस घोषणा के बाद नागपुर का राज्य अंग्रेजी साम्राज्य में मिला लिया गया। नागपुर के राजमहल का सारा सामान नीलाम कर दिया गया। घर का सामान, पोशाकें, रानियों के आभूषण कलकज़ा ले जाकर नीलाम किए गए। यह सबकुछ हिंदू कुल सूर्य छत्रपति शिवाजी के वंशजों के साथ किया गया है। हमें इसका भयंकर प्रतिशोध लेना है। इसी प्रकार 27 फरवरी, 1854 को झाँसी की महारानी लक्ष्मीबाई को दज़क पुत्र को ग्रहण करने के अधिकार से वंचित किया गया और उस राज्य को भी कंपनी ने हड़प लिया। आज प्रत्येक देशवासी का यह धर्म है कि अपने नरेशों के साथ हुए अन्याय का बदला ले।"

"हम बदला लेंगे! हम जरूर बदला लेंगे!" गगनभेदी हुंकारों से समस्त वातावरण गुंजित हो उठा। नागरिकों के हृदय में जातीयता और देशप्रेम की प्रबल भावना पैदा हो गई थी। रामचंद्र राव ने अपने प्रचार के प्रथम अभियान में सफलता के साकार स्वरूप को देखा।

"मद्रास और उसके आसपास का समस्त प्रांत कर्नाटक की मुसलिम सल्तनत के पास था। ईस्ट इंडिया कंपनी ने सबसे पहले मद्रास और कड़लोर-कर्नाटक के नवाब से प्राप्त कर लिये और नवाब मुहज्मद अली बालाजाह ने पूना-माली का ताल्लुका तथा उसके साथ अन्य ताल्लुके भी अंग्रेजी साम्राज्य में मिला लिये। कंपनी इसके बदले में भेंट दिया करती थी। धीरे-धीरे इन नियमों को तोड़ दिया गया। मद्रास के गवर्नर लॉर्ड हैरिस ने लॉर्ड डलहौजी को लिखा—'कर्नाटक के नवाब की शक्ति और सज़ा दिखावा मात्र है, लेकिन किसी भी समय वह हमारे विरुद्ध विद्रोह और आंदोलन का केंद्र बन सकती है। इसलिए इस तमाशे को अधिक चलने देना बुद्धिमानी का काम नहीं है।' भाइयो और बहनो! इसके बाद जो भाग शेष रह गया था, वह भी कंपनी सरकार ने ले लिया। इन अंग्रेजों ने देशभर में अपना जाल फैला रखा है। हमें

उसको छिन्न-भिन्न करना होगा। उज़र में अवध का राज समाप्त हो चुका है और दक्षिण में निजाम का शासन भी अंतिम साँसें ले रहा है। हम इन सब का प्रतिशोध लेंगे।'' नृसिंहाचार्य की गंभीर वाणी ने मानो सोते हुए मद्रासियों को जगा दिया।

''हम प्रतिशोध लेंगे।'' समस्त वातावरण में प्रतिध्वनि के रूप में यही आवाज गूँज उठी।

''आप लोगों को शायद यह बताने की आवश्यकता नहीं है कि कानपुर के तमाम अंग्रेज स्त्री-पुरुष नाना साहब के यहाँ रुकते रहे हैं। नाना धुंधुपंत ने उनकी आवभगत में अपना सबकुछ न्योछावर कर दिया, लेकिन मेरे साथियो! पेशवा बाजीराव के साथ अंग्रेजों ने जो संधिपत्र स्वीकार किया था, उसे डलहौजी ने फाड़कर फेंक दिया। बिठूर में नाना साहब के साथ आठ हजार स्त्री-पुरुष, बूढ़े और बालक निवास करते थे। सन् 1827 में जब नाना साहब केवल तीन वर्ष के थे, अंग्रेजों ने आठ लाख रुपए वार्षिक पेंशन देना स्वीकार किया था, लेकिन डलहौजी ने उसे भी बंद कर दिया।''

आँखों पर काली पट्टी बाँधे एक नौजवान ने अपने भाषण को आगे जारी रखते हुए कहा, ''नाना ने फिर भी न्याय का साथ नहीं छोड़ा। उन्होंने अजीमुल्ला खाँ को इंग्लैंड भेजा, प्रार्थना की, लेकिन अहंकारी अंग्रेजों ने उनकी कोई बात नहीं सुनी। सतारा के राजा ने भी एक मराठा राजनीतिज्ञ रंगो बापूजी को अपील करने के लिए भेजा, लेकिन अंग्रेजों ने उसकी बात भी नहीं सुनी। हमें अंग्रेजों से प्लासी के युद्ध का बदला लेना होगा। अगर तुम अपने नाना को प्यार करते हो, अपने देश का सज़्मान करते हो, तो आओ, हथियार उठा लो। आज नाना तुज़्हारे सामने खड़ा हुआ है।''

इतना कहकर उस नौजवान ने अपनी आँखों पर बँधी पट्टी खोल दी।

हजारों कंठों ने नाना साहब का जय-जयकार किया। नाना साहब ने प्रसन्न होते हुए कहा, ''अजीमुल्ला खाँ और रंगोजी समूचे यूरोप का दौरा करके आए हैं। रूस हमारी मदद करना चाहता है, इटली का देशभक्त गैरीबाल्डी हमारी सहायता करने के लिए तैयार है, लेकिन मेरे भाइयो! असली शक्ति हमारे भीतर छिपी हुई है। अपनी चिनगारी को ज्वाला का रूप देना होगा। एक भीषण आग जलानी होगी, जिसमें इंग्लैंड का साम्राज्य जलकर भस्म हो जाएगा।''

"भारतमाता की जय! हिंदुस्तान हमारा है!" इस तरह के गगन-भेदी नारों से बिठूर का कोना-कोना गूँज उठा।

बैरकपुर से पेशावर तक और लखनऊ से सतारा तक हजारों देशभक्त फकीर तथा संन्यासी घूम-घूमकर जगह-जगह भाषणों के द्वारा, व्यक्तिगत चर्चा चलाकर क्रांति का प्रचार करने लगे।

हजारों रईसों और साहूकारों ने अपनी थैलियाँ इन राष्ट्रीय नेताओं के चरणों में डाल दीं। मसजिदों और मंदिरों में भी क्रांति की चर्चा होने लगी।

इस क्रांति के लिए पाँच केंद्र बनाए गए थे—दिल्ली, बिठूर, लखनऊ, कलकज़ा और सतारा।

कार्यकर्ताओं और नेताओं के लिए हाथी, घोड़े, ऊँट, बैलगाड़ियों आदि का प्रबंध किया जाता था। तमाशे, पौवाड़े, लावनी, आल्हा, कठपुतली नाच और नाटकों के जरिए भी क्रांति के लिए जनमानस को जाग्रत् करने का अभियान चलाया जा रहा था। कवि और शायर जोशीली रचनाओं के माध्यम से नागरिकों को प्रेरित कर रहे थे।

◻

विप्लव की गुप्त तैयारी

बैरकपुर छावनी के मैदान में सिपाहियों से घिरा सूबेदार बहादुर सिंह अपने सामने खड़े नट-नटी की ओर देख रहा था। सूबेदार ने एक नजर वहाँ खड़े सिपाहियों पर डाली। कुछ के चेहरे बता रहे थे कि पता नहीं, इन बेचारों को यह जालिम सूबेदार क्या सजा देने की सोच रहा है। ये मूर्ख भी कहाँ आ फँसे!

कुछ सोच रहे थे कि जब इनके पास अंग्रेज बहादुर का हुक्म है तो फिर क्यों रोक रहे हैं?

नट और नटी हाथ जोड़े सहमे हुए खड़े थे। सूबेदार बहादुर सिंह की चढ़ी हुई मूँछों के ऊपर नाक के नथुने अभी भी सख्ती से तने और फूले हुए थे। भौंहों पर बल पड़े थे और आँखें चारों तरफ घूरकर जैसे कुछ सोच रही थीं।

शाम हो रही थी। सूरज डूबने में अभी देर थी। अगर ये नट-नटी न आते तो भी बैरकपुर छावनी के वे सिपाही थोड़ी देर में धीरे-धीरे निकलने लगते। कोई कहीं बैठकर चौपड़ खेलता, कोई बिरहा गाता और कोई चिलम पीता, और था भी क्या उनके पास दिल बहलाने के लिए!

उस समय पूरे बंगाल में अंग्रेजों की गोरी पलटनें न थीं। जहाँ-तहाँ भारतीय सिपाहियों की पलटनें थीं। उनकी देख-रेख और संचालन के लिए अंग्रेजी अफसर मौजूद थे। बैरकपुर छावनी में 19 नंबर और 34 नंबर की पलटनें थीं। सारे हिंदुस्तान में अंग्रेजों का दबदबा था और वे 'सोने की चिड़िया' को लूट रहे थे।

इस लूट का सिलसिला तो उसी समय से शुरू हो गया था, जब सन् 1757 में प्लासी के युद्ध में अंग्रेजों ने विजय पाई थी। इसके बाद से देश में अंग्रेजी राज की जड़ें मजबूत होने लगी थीं। जिन राजाओं और नवाबों से ईस्ट इंडिया कंपनी ने संधियाँ की थीं, उन्हें धीरे-धीरे तोड़कर अंग्रेज अपना शासन जमाने लगे थे। इस तरह कुछ ही समय में एक-एक कर अनेक देसी रियासतों को अंग्रेजी राज

में शामिल किया गया। भारत के प्राचीन उद्योग-धंधों को उन्होंने नष्ट कर दिया। जमींदारों की जमींदारी छीन ली। किसानों की जमीनें हड़प लीं। लोग बेघर हो गए। जीवन यापन के लिए कोई धंधा न रहा। बस गुलाम बनकर अंग्रेजों के लिए मजदूरी करने लगे और दाने-दाने को तरसने लगे। प्लासी के युद्ध के बाद सौ सालों में अंग्रेजों ने इस देश को खोखला कर दिया।

मैलकम लुई नामक एक अंग्रेज मद्रास सुप्रीम कोर्ट का जज रह चुका था। उसने लंदन जाकर बताया कि हमने भारतवासियों के साथ ऐसा सुलूक किया है कि वे कई सौ बरस तक नहीं भूलेंगे। उसने बताया—''हमारा हिंदुस्तानियों से वही संबंध रहा है, जो मालिकों और गुलामों में होता है। हमने हर ऐसी चीज पर अपना अधिकार जमा लिया है, जिससे भारतवासियों का जीवन सुखमय हो सकता था। हर ऐसी वस्तु जो भारतवासियों के समाज को ऊँचा उठा सकती है, हमने उनसे छीन ली है। हमने उन्हें जातिभ्रष्ट कर दिया है। उनके उज़राधिकार के नियमों को हमने रद्द कर दिया है। उनके धर्म के पवित्र रिवाजों की हमने परवाह नहीं की। उनके मंदिरों की जायदादें हमने जज़्त कर ली हैं। देसी राजाओं के राज हमने छीन लिये हैं। अमीरों और रईसों की संपज़ि जज़्त कर ली है। अपनी लूट-खसोट से हमने भारत को बरबाद कर दिया है। लोगों को सता-सताकर उनसे मालगुजारी वसूल की है। न जाने कितने उच्च कुलों को हमने धूल में मिला दिया है।''

जिस देश पर ऐसा भीषण अत्याचार हो रहा हो, वह कैसे और क्यों चुप होकर बैठ सकता था? परिणाम यह हुआ कि जन-जन के हृदय में विद्रोह की आग सुलग उठी थी। अपनी रियासतें छिन जाने या उज़राधिकार में रियासत का अधिकार न मिल पाने के कारण देसी राजा और नवाब विद्रोह की योजना बना रहे थे। उस योजना को सही समय पर कार्यरूप देने और उसका गुपचुप प्रचार करने में जनता सहयोग दे रही थी।

बैरकपुर छावनी के उस मैदान में सूबेदार बहादुर सिंह अपने सामने खड़े नट-नटी को देखकर मुसकराया। सिपाहियों ने सूबेदार के होंठों पर मुसकान देखी तो लगा, पानी बरस पड़ेगा।

''तो तुम तमाशा दिखाओगे?'' सूबेदार ने रोबदार आवाज में पूछा।

''हुजूर, हम तो आए ही इसलिए हैं। बस आपके हुक्म की देरी है। हमें पैसा-वैसा नहीं चाहिए। हम तो आप लोगों का दिल बहलाने के लिए आए हैं।''

"ठीक है।" सूबेदार ने सिर हिलाकर स्वीकृति दी और रोज की उबाऊ जिंदगी से परेशान सिपाहियों के चेहरे दमक उठे। ढोलक पर थाप पड़ी, घुँघरू झनके और नाच शुरू हो गया।

संगीत और नृत्य का ऐसा वातावरण बन गया कि सिपाही मस्त हो गए। कुछ लोगों ने तो गीत के बोल भी याद कर लिये।

अँधेरा होते-होते कार्यक्रम समाप्त हो गया। नट-नटी वापस चले गए। सिपाही भी अपनी बैरकों में वापस लौट आए। सभी खुश थे कि आज की शाम अच्छी बीती। अभी भी कोई धुन गुनगुना रहा था, तो कोई गीत की याद रह गई एक-दो पंक्तियाँ दोहरा रहा था। इस मस्ती के बीच ही खाने की घंटी बजी और वे भोजनालय की ओर चल पड़े।

"लाल मुँह के बंदरों ने दिया उजाड़ है सारा बाग।

कैसे कोई ढोल बजाए कैसे कोई गाए राग।"

ये पंक्तियाँ गुनगुनाते हुए घनश्याम सिंह जा रहे थे। उनके साथ चल रहे सिपाही मंगल पांडे ने पूछा, "अरे ठाकुर, ये जो गीत के बोल गा रहे हो, इसका मतलब भी समझते हो?"

"मतलब? अरे ये तो वही गीत है, जो नट-नटी गा रहे थे। बंदरों के तमाशे का जिक्र है—वाह! क्या समाँ बाँध दिया था उन लोगों ने।"

"हाँ, समाँ तो बाँधा था, पर तुम उनके गाने का मतलब नहीं समझे।" मंगल पांडे ने कहा।

"पांडे! तुझ्हारी तो बाल की खाल निकालने की आदत है।" मातादीन ने कहा, "अब भला नट-नटी के गानों का क्या मतलब हो सकता है?"

"मतलब है। खाना खाकर लौटोगे तो बताऊँगा।" मंगल पांडे ने कहा।

अपनी-अपनी बैरकों में जब सिपाही लौटे तो मातादीन ने छेड़ दिया, "हाँ पांडे, अब बताओ। नट-नटी के गाने का क्या मतलब है?"

पांडे बोले, "गीत का मतलब यह है कि इन फिरंगियों ने हमारे देश को उजाड़ दिया है। ये हमारे दुश्मन हैं। लोग दु:खी और परेशान हैं। इनको मार भगाने में ही हमारी भलाई है।"

"यानी वह बंदरों का गाना नहीं था?" ठाकुर घनश्याम सिंह ने आश्चर्य से पूछा।

"यह तो हम भी नहीं समझे, पर अब सारा मतलब समझ में आ गया, यानी

अगर इन बंदरों को न भगाया गया तो ये हमें तबाह कर देंगे!'' मातादीन ने कहा।

''हाँ, बिल्कुल यही मतलब है।'' मंगल पांडे ने कहा।

''पर यह कैसे हो सकता है?'' घनश्याम सिंह ने पूछा।

''हम बगावत करेंगे।''

''पांडे, यह क्या कह रहे हो? बगावत?'' मातादीन चौंक उठा।

''धीरे बोलो, कोई सुन लेगा। नट-नटी का वह गाना हमारे लिए गुप्त संकेत था। कल मैं उनको ढूँढ़ निकालूँगा और सारी बात पूछूँगा।''

''ठीक है भैया! देश के लिए कुछ करने का मौका मिलेगा तो हम पीछे नहीं हटेंगे।'' मातादीन ने कहा।

''अभी अपने इस जोश को दबाकर रखो। सही वक्त आने दो।'' मंगल पांडे ने कहा, ''अगर फिरंगियों को भनक पड़ गई तो मुश्किल हो जाएगी।''

अगले दिन छुट्टी लेकर मंगल पांडे बाजार गया। काफी देर तक भटकने के बाद से वे नट-नटी मिले। मंगल पांडे उनके पीछे लग गया। वे जगह-जगह गाते-नाचते एक जगह बैठकर सुस्ताने लगे। उन्हें अकेला देखकर मंगल पांडे उनके पास पहुँचा।

''तुम लोग कौन हो—यह तो मैं नहीं जानता, पर इतना जरूर है कि तुम दोनों वे नहीं हो, जो दिख रहे हो।'' मंगल पाँडे ने कहा।

''हम तो नट हैं, नाचते-गाते हैं और क्या हो सकते हैं?'' नट ने कहा, ''जाओ भैया, अपना काम करो। हमें थोड़ा सुस्ता लेने दो।''

''देखो भाई, मैं यहाँ पलटन में सिपाही हूँ। तुम जो गाना गाते हो, उसका मतलब मैं समझता हूँ। सच पूछो तो जब से वह गाना सुना है, तब से लगता है अपनी मिट्टी के लिए, अपने देश के लिए कुछ करने के लिए दिल छटपटा रहा है। कभी लगता है, बंदूक उठाकर गोरे अफसरों को भून डालूँ। इस पवित्र धरती से इन नापाक फिरंगियों का नामोनिशान मिटा दूँ।''

''बस भैया, थोड़ा इंतजार करो। अपने साथियों के दिल में भी यही आग भर दो।'' नटी ने कहा।

नट चौंक पड़ा। शायद उसे लगा कि नटी ने ऐसा कहकर अपना भेद खोल दिया है। नट को डर था कि यह कोई जासूस न हो।

''घबराओ नहीं। मैं इस बात को राज बनाकर ही रखूँगा। मैं सचमुच अपनी मातृभूमि के लिए कुछ करना चाहता हूँ।''

नट ने इधर-उधर देखा कि कहीं कोई सुन तो नहीं रहा, फिर कुछ सोचकर बोला, ''यहाँ से चलो...अरे हाँ, तुमने तो अपना नाम बताया नहीं।''

''मंगल पांडे, बलिया जिला, गाँव नगवाँ। यहाँ बंगाल आर्मी की नेटिव इनफैंट्री रेजिमेंट की उन्नीसवीं पलटन में सिपाही हूँ। मेरा नंबर है 1446।''

''अरे बस...बस भैया, मान गए। आओ, यहाँ से चलें।'' नट ने कहा।

शहर से बाहर एक सुनसान जगह पर आकर वे रुक गए। अपनी झोलियाँ रखकर बैठते हुए नट ने कहा, ''भैया! इन फिरंगियों ने बड़े जुल्म किए हैं और कर रहे हैं। तुम लोग तो यहाँ पलटन में पड़े हो, पर क्या जानो कि कहाँ क्या हो रहा है? यही बताने के लिए पूरे मुल्क में हम लोग निकले हैं। कोई फकीर बना है, कोई साधु! कोई तमाशा दिखाता है, कोई नाचता-गाता है, पर सब यही बता रहे हैं कि ये फिरंगी कैसे-कैसे जुल्म कर रहे हैं।''

''अब कुछ बताओ तो सही, क्या हो रहा है मुल्क में?'' मंगल पांडे ने पूछा।

''कोई एक बात हो तो बताऊँ। इस कंपनी सरकार ने दिल्ली के बादशाह के सब अधिकार छीन लिये हैं। बादशाह को सिर्फ लाल किले में एक कठपुतली की तरह बनाकर छोड़ दिया है।''

''हमें क्या करना है? साफ-साफ समझाओ।'' मंगल पांडे ने पूछा।

''वक्त आ गया है, अब अपनी धरती, अपने धर्म और अपनी आजादी की रक्षा के लिए हमें बलिदान देना होगा। सौ दिन भेड़ की तरह जीने से अच्छा है, एक दिन शेर की तरह लड़कर मर जाना। हमारी आपसी फूट, अपने ही लोगों की दगाबाजी और धोखे का फायदा उठाकर फिरंगियों ने चारों तरफ अपना राज फैला लिया है। नवाबों, राजाओं को कमजोर करके उनके राज्य हड़प लिये हैं। दिल्ली के बादशाह के साथ भी धोखा किया गया है। चारों तरफ फिरंगी हमारी दौलत लूट रहे हैं और उसे इंग्लैंड भेज रहे हैं, पर अब यह सब बरदाश्त नहीं होगा। तुम बगावत के लिए तैयार हो जाओ। चारों तरफ क्रांति की तैयारी हो रही है। एक ही दिन सारे मुल्क में क्रांति की लपटें धधक उठेंगी, तब इन फिरंगियों से कुछ करते नहीं बनेगा। ये लोग बस भागते नजर आएँगे।'' नट ने कहा।

''क्या तुम पूरे विश्वास से ऐसा कह रहे हो?'' मंगल पांडे ने पूछा।

''बताता हूँ। सारे देश में अंग्रेजों की हुकूमत के खिलाफ बगावत की योजना कानपुर के पास बिठूर में बनी है। पेशवा बाजीराव के दत्तक पुत्र नाना साहब

धुंधुपंत ने यह योजना बनाई है। उन्होंने देश भर में घूम-घूमकर लोगों को क्रांति के लिए तैयार किया है। उनका कहना है कि भारत के सब हिंदू-मुसलमान दिल्ली के बादशाह बहादुरशाह जफर के झंडे के नीचे मिलकर अंग्रेजों को देश से बाहर निकाल दें। उसके बाद बादशाह के झंडे के नीचे अपने देश का शासन अपने ही लोग चलाएँ।''

''पर यह सब कैसे होगा? लोगों को खबर कैसे मिलेगी?''

''यही खबर देने तो मैं आया हूँ। बस, यह समझ लो कि बैरकपुर से पेशावर तक और लखनऊ से सतारा तक हजारों साधु, फकीर, नट-नटी और बाजीगर घूम-घूमकर एक-एक पलटन में क्रांति का संदेश देने का प्रयास कर रहे हैं।''

''हमें क्या करना होगा?'' मंगल पांडे ने पूछा।

''पहले अपने यहाँ और आसपास की पलटनों के सब लोगों को तैयार करो। इसके लिए नेताओं ने दो चिह्न बनाए हैं। एक है कमल का फूल और दूसरा है रोटी। किसी एक पलटन का सिपाही फूल लेकर दूसरी पलटन में जाता है। उस पूरी पलटन के सिपाहियों के हाथों से वह फूल निकलता है। जिसके हाथों में वह फूल सबसे अंत में आता है, उस सिपाही का फर्ज है कि वह उसे दूसरी पलटन तक पहुँचा दे। कमल का फूल सब सिपाहियों के हाथों से होकर निकलने का मतलब है कि वे सब बगावत के लिए तैयार हैं। जनता की मदद लेने के लिए रोटी का इस्तेमाल किया जा रहा है। एक गाँव का चौकीदार दूसरे गाँव के चौकीदार के पास रोटियाँ बनाकर ले जाता है। दूसरे गाँव का चौकीदार उसमें से थोड़ी रोटियाँ खुद खाता है और बाकी गाँव के दूसरे लोगों को खिला देता है, फिर वह वैसी ही रोटियाँ बनाकर दूसरे गाँव के चौकीदार को देता है। इस तरह यह मान लिया जाता है कि उस गाँव की जनता क्रांति में भाग लेने के लिए तैयार है।'' नट ने कहा।

''तो हम लोग भी कमल का फूल अपनी पलटनों में घुमाएँ?'' मंगल पांडे ने पूछा।

''हाँ, लेकिन बड़ी सावधानी से और क्रांति की तैयारी भी गुपचुप शुरू कर दो।'' नट ने कहा।

इसके बाद मंगल पांडे नट-नटी से विदा लेकर अपनी छावनी में लौट आए।

चरबी वाले कारतूस की हकीकत

"पांडेजी! पालागन।"

"जीते रहो छोटू! आज सुबह-ही-सुबह कहाँ?"

"कुछ नहीं महाराज! भगवान् ने ऐसे कुल में जन्म दिया है कि सुबह-ही-सुबह निकलना पड़ता है।" भंगी ने तकलीफ के साथ अपने मनोभाव उजागर किए।

"पूर्व जन्म के संस्कारों से सबकुछ मिलता है, छोटू! जन्म, जाति, समाज और देश—सभी कुछ भाग्य से मिलता है।"

"सुना है पांडेजी, कुछ ऋषि लोग ऐसे भी हुए कि इसी जन्म में छत्री से बिराहमन हो गए।"

"अरे भाई! उन लोगों की बात छोड़ो। वे लोग तो तपस्वी थे। हम लोगों में इतनी शक्ति कहाँ है?"

"फिर भी बिराहमन तो घमंड से मरे जा रहे हैं। कोई बनिया है तो कोई छत्री—सबको अपनी-अपनी पड़ी है। हमें तो कोई पूछता ही नहीं है।" छोटू ने एक बार फिर अपने कष्ट को व्यक्त किया।

"बात सचमुच बहुत बुरी है। शरीर में भी तो चार स्थान हैं। सिर का काम सिर करे, हाथ का काम हाथ करे और पेट का काम पेट करे तथा पैरों का काम पैर करे—तभी शरीर का ढाँचा चल सकता है।"

"लेकिन समाज में ऐसा कहाँ हो रहा है, महाराज! अछूतों को तो बहुत ही बुरी नजर से देखते हैं और अंग्रेजों के साथ बैठकर शराब तक पी जाते हैं। बड़ी प्यास लगी है, जरा अपना लोटा दे दीजिए।"

"तो क्या लोटे से पानी पीओगे तुम? नहीं जानते, यह एक ब्राह्मण का लोटा है?"

''बिराहमन और सूद्र—अब किसी का भेद नहीं चलेगा।''

''क्यों?''

''अंग्रेज राज की बलिहारी है। कल तक आप लोग अपनी जाति-बिरादरी पर बड़ा घमंड करते थे और दो-चार ही दिन में गाय और सूअर की चरबी से बने हुए कारतूस जब दाँतों से काटकर चलाने पड़ेंगे, तब पता चलेगा कि आप लोग धर्म छोड़ते हैं या नौकरी छोड़ते हैं।''

''यह तुम क्या कह रहे हो, छोटू?''

''माफ करें पांडेजी! छोटू अनपढ़ है, लेकिन अपने धर्म के पीछे अपनी जान दे देगा।''

''लेकिन तुझे यह बात कहाँ से मालूम हुई कि नए कारतूसों में सूअर और गाय की चरबी लगाई जा रही है?''

''तीन-चार दिन हुए कमांडेंट साहब के बँगले पर एक दावत थी। आप तो जानते ही हैं कि अंग्रेजों ने हिंदुस्तान में आकर सबसे पहले अछूतों को प्यार से गले लगाया और भंगियों को तो 'बैरा' तक बना दिया। मैं वहाँ जूठन उठाने के लिए गया था। वहीं बात हो रही थी।''

''लेकिन तुझे तो अंग्रेजी नहीं आती।'' मंगल ने कहा।

''अपने लांस नायक भी वहाँ थे, पांडेजी। उनको समझाने के लिए वे लोग हिंदुस्तानी में बातचीत कर रहे थे।''

''क्या कहा उन्होंने?''

''कहते रहे कि लांस नायक, तुम सभी सिपाहियों को अच्छी तरह समझा देना कि नए कारतूस दाँत से काटकर खोलने होंगे। सुना जाता है, कुछ लोगों ने भड़का रखा है कि कारतूसों में सूअर और गाय की चरबी है। ये सब झूठी बातें हैं।''

''फिर?''

''दावत के बाद लांस नायक जब चलने लगे तो उनको फिर समझाया और उनके चले जाने के बाद गोरे साहब जोर से हँसने लगे।''

''इसमें हँसने की क्या बात थी?''

''बुरी सी गाली देकर कमांडेंट ने कहा—साले को खूब बेवकूफ बनाया। तब मैं समझ गया कि दोनों अंग्रेज झूठ बोल रहे थे।''

''ऐसा ही कुछ लगता है छोटू! हमारा धर्म, हमारा ईमान, सभी कुछ

खतरे में है।''

''यही तो बात है, पांडेजी।''

''तुम चिंता मत करो। तुमने बहुत ही पते की बात बताई है। काफी दिनों से अंग्रेज ईसाई धर्म का प्रचार कर रहे थे और अब अंत में उन्होंने सोचा…।''

''क्या सोचा, पांडेजी?''

''अंग्रेज बहुत मक्कार होते हैं। उन्होंने सोचा कि हिंदू गाय को अत्यंत पवित्र मानते हैं, इसीलिए गाय की चरबी से बने हुए कारतूस दाँत से खोलने वाले सिपाही समाज की नजरों में गिर जाएँगे और तब उन्हें ईसाई बनाना आसान हो जाएगा। यही बात मुसलमानों के बारे में भी सोची गई है। इसलाम धर्म में सूअर का मांस निषिद्ध माना गया है। इस तरह उन्हें भी धर्मभ्रष्ट कर अपने जाल में फँसाने की साजिश रची गई है। तुमने बहुत उपकार किया है छोटू! हिंदुस्तान के संघर्ष का जब कभी इतिहास लिखा जाएगा तो उसमें तुम्हारा नाम बड़े आदर से लिया जाएगा। तुमने इस खबर के द्वारा बारूद के ढेर में चिनगारी रख दी है।''

''मेरी क्या हैसियत है, पांडेजी! अब आज्ञा दीजिए। चलता हूँ।''

छोटू चला गया।

और क्रोध से सुलग रहे मंगल पांडे न जाने कितनी दूर तक निकल गए। वापस आकर उन्होंने अपने कई साथियों से सुबह की घटना का वर्णन किया। जिसने भी सुना, वही सुलग उठा। सिपाहियों के सीने में बगावत की लपटें उठने लगीं।

लांस नायक से पूछने पर उसने दावत के दौरान हुई पूरी बातचीत के बारे में मंगल को बता दिया और कहा, ''मुझे लगता है, अंग्रेज लोग हमें धोखा दे रहे हैं। यह देखो, यह वही कारतूस है, जिसे हमें दाँत से काटकर खोलना होगा। इस पर जो चिकना मसाला लगाया गया है, निःसंदेह उसमें गाय और सूअर की चरबी का इस्तेमाल किया गया है।''

''मैं भी ऐसा ही समझता हूँ, सिंह साहब! यह बात अलग है कि कुछ कारतूसों में केवल गाय अथवा सूअर की चरबी का ही इस्तेमाल किया गया है और कुछ कारतूसों में दोनों का एक साथ इस्तेमाल किया गया है, लेकिन इतना तो निश्चित है कि गाय और सूअर की चरबी मिलाकर इन नए कारतूसों

का निर्माण किया गया है। इनको बनाते समय भारतीय सिपाहियों की धार्मिक भावनाओं को जान-बूझकर नजरअंदाज किया गया है।''

''जो भी हो, यह हमारे लिए किसी संकट से कम नहीं। अगर हम समय से पहले सतर्क नहीं हुए तो...।''

''तो हमारा धर्म मिट जाएगा। हमारी पहचान मिट जाएगी।''

''यह एक कठोर सच्चाई है कि चरबीवाली बात गलत नहीं है।'' लांस नायक ने कहा, ''अंग्रेज चाहते हैं कि हम लोग धर्मभ्रष्ट हो जाएँ और वे हिंदुस्तान को हमेशा के लिए गुलाम बना लें।''

''मुझे पता चला है कि साढ़े बाईस हजार कारतूस अंबाला डिपो से और चौदह हजार कारतूस सियालकोट डिपो से सिपाहियों के पास भेजे गए हैं।''

''इतना ही नहीं पांडे, अंग्रेज अफसर देसी सिपाहियों को डराने-धमकाने लगे हैं कि किसी भी हालत में उनको नए कारतूसों का उपयोग करना ही होगा।''

''देश में जो चिनगारी सुलग चुकी है, वह बुझनेवाली नहीं है। पश्चिमी प्रांतों के सभी हिस्सों में देसी कौमें अंग्रेजों की सजा के विरुद्ध खड़ी हो चुकी हैं और चरबी के कारतूस का विवाद बढ़ता ही जा रहा है। इस मामले को दबाना अंग्रेजों के वश की बात नहीं रह गई है।''

''विरोध तो शुरू हो चुका है, पांडे।''

''अच्छा!''

''मेरे पास खबरें आ रही हैं। कुछ सिपाहियों ने चरबीवाले कारतूसों का इस्तेमाल करने से मना कर दिया, तब सारी-की-सारी रेजिमेंट को सजा दी गई।''

''अब तो विस्फोट होकर रहेगा, सिंह साहब। कोई इसे रोक नहीं सकेगा।'' मंगल ने जोश के साथ कहा।

''हम लोग हर प्रकार की कुरबानी देने के लिए तैयार हैं।''

मंगल के चेहरे पर दृढ़ता का भाव नजर आया।

◻

कारतूस का विरोध

"ये नए कारतूस हैं। सरकार ने काफी धन खर्च कर इनको नए ढंग से बनवाया है। आप लोग आइंदा से इन्हीं कारतूसों को काम में लाया करेंगे।" अंग्रेज कप्तान ने कारतूसों के ढेर की ओर इशारा करते हुए कहा।

"लेकिन हमें पता चला है कि इन कारतूसों में गाय और सूअर की चरबी का मसाला लगाया गया है। हम लोग इनको दाँतों से नहीं खोलेंगे।" मंगल ने 19 नंबर की पलटन में से आगे बढ़कर कहा।

"क्या सबूत है इस बात का? तुम कैसे कह सकते हो कि इनमें जानवरों की चरबी का इस्तेमाल किया गया है?" अफसर ने पूछा।

"अगर आप सचमुच हमारे शुभचिंतक हैं तो आप इन कारतूसों को वापस ले लीजिए, हम मान लेंगे कि आपकी नीयत साफ है।" मंगल ने पुन: कहा।

"सरकार को इतना बड़ा नुकसान होगा, उसको कौन पूरा करेगा?"

"हमारे दीन-ईमान का नुकसान होने दिया जाए, सिर्फ इसलिए कि कंपनी सरकार को कुछ हजार की बचत हो जाए। यह सरासर अन्याय है। हमने अपनी जान भले ही बेची है, अपना धर्म नहीं बेचा है साहब!" मंगल ने अपनी वाणी को ऊँचा उठाते हुए कहा।

"तुम नहीं जानते हो सिपाही, तुम क्या बोल रहे हो और किससे बोल रहे हो!" जरा क्रोध दिखाते हुए कप्तान ने कहा।

"मैं अच्छी तरह जानता हूँ, कप्तान साहब! जिसके मुँह में जबान होती है, वह बोलता है और जरूर बोलता है। अपमान की ठोकर खाकर तो आपका कुत्ता भी चीखता है—हम लोग तो इनसान हैं।"

"तुम पीछे हट जाओ सिपाही!" कप्तान ने आदेश दिया।

"यस सर!" इतना कहकर मंगल अपने साथियों के बीच पहुँच गए।

कप्तान ने आगे बढ़कर प्रत्येक सिपाही को पाँच-पाँच के हिसाब से कारतूस बँटवा दिए। सभी सिपाहियों ने कारतूसों को ले लिया। मंगल ने भी मुसकराते हुए पाँच कारतूस हाथ में ले लिये।

"अटेंशन!" जोर से कप्तान ने आवाज लगाई और दूसरे ही क्षण तमाम सिपाही तनकर खड़े हो गए।

"वन टू थ्री" कप्तान ने बंदूक में गोली भरने का आदेश दिया।

मगर कप्तान को निराशा हुई, न तो किसी सिपाही ने अपनी बंदूक को हाथ में उठाया और न उसमें गोली भरने की कोशिश की। गुस्से और क्षोभ के साथ कप्तान सिपाहियों की तरफ देखता रहा।

"तुम लोग हमारा हुक्म नहीं मानेगा?"

"नहीं!" सैकड़ों सिपाहियों ने एक साथ कहा।

"नया कारतूस नहीं चलाएगा?"

"नहीं!"

"लांस नायक!" कप्तान ने पुकारा।

"यस सर!" उसने फौजी सलाम देते हुए कहा।

"ये लोग क्या कह रहे हैं?"

"सर, इनका कहना है कि जब तक हमको यह विश्वास नहीं दिला दिया जाएगा कि इन कारतूसों में सूअर और गाय की चरबी नहीं लगाई गई है, तब तक हम इनका इस्तेमाल नहीं करेंगे।"

"ठीक है, इसके लिए भी इंतजाम किया जाएगा। हम सरकार को लिखकर सफाई देने के लिए कहेंगे।"

"जब तक सच्चाई मालूम नहीं हो जाती, तब तक कोई सिपाही परेड के लिए मैदान में नहीं आएगा।" लांस नायक ने कहा।

"ठीक है, ऐसा ही होगा।"

सारे सिपाही बैरक की ओर लौट गए।

यह घटना 11 फरवरी, 1857 को बैरकपुर छावनी में 19 नंबर पलटन के साथ हुई।

◻

मृत्यु के भय से मुक्ति

मनुष्य चाहे कोई भी हो, महान् कार्य करने पर अमर हो जाता है। मंगल पांडे भी महान् कार्य करके अमर हो गए। भारत माँ की संतानों में वे पहले व्यक्ति थे, जिन्होंने अपने देश की स्वतंत्रता के लिए अंग्रेजों पर पहली गोली चलाई थी। वे जानते थे कि गोली चलाने का क्या परिणाम होगा, किंतु उनके मन को दासता की पीड़ा ने अत्यधिक व्याकुल कर दिया था। मृत्यु और फाँसी का भय उनके मन से निकल चुका था। उन्होंने मुक्त मन से अंग्रेज अफसर पर गोली चलाकर अपने महान् कर्तव्य का पालन किया। उनका साहस धन्य है। वंदनीय है। भारत की स्वतंत्रता के इतिहास में उनका नाम स्वर्ण अक्षरों में अंकित है।

मंगल पांडे न तो महान् नेता थे और न महान् योद्धा। वे थे सेना के एक साधारण सिपाही। ऐसे सिपाही, जिसकी रगों में देश-प्रेम का सागर प्रवाहित हुआ करता था और जो मन में मातृभूमि के लिए बलिदान होने की कामना रखता था। वे उत्तर प्रदेश के बलिया जिले के नगवाँ गाँव के निवासी थे। साधारण ब्राह्मण परिवार में उत्पन्न हुए थे। अधिक पढ़े-लिखे नहीं थे। साधारण हिंदी भाषा जानते थे। चढ़ती हुई तरुणाई में ही अंग्रेजी सेना में भरती हो गए थे।

1857 में मंगल पांडे कलकत्ता के पास बैरकपुर छावनी में तैनात थे। बड़े साहसी थे, बड़े हँसमुख थे और बड़े देशप्रेमी भी। उनके अनेक साथी थे, अनेक मित्र थे। उन्होंने प्रेम और मधुर व्यवहार से अपने साथियों के मन को जीत लिया था।

1857 के दिन थे। नाना साहब के प्रयत्नों से भारत के समस्त फौजियों के मन में विद्रोह की आग भड़क उठी। अंग्रेजों को भारत से निकालने के

लिए एक कार्यक्रम तैयार किया गया था। उस कार्यक्रम के अनुसार सारे भारत में 31 मई को महाक्रांति का यज्ञ होने वाला था, किंतु मंगल पांडे ने 29 मार्च को ही गोली चलाकर महाक्रांति का सूत्रपात कर दिया। कुछ इतिहासकार इस क्रांति की असफलता के लिए मंगल पांडे को दोषी ठहराते हैं। वे कहते हैं कि मंगल पांडे ने 29 मार्च को ही गोली चलाकर भूल की। यदि वे गोली चलाने में जल्दबाजी न करते तो महाक्रांति असफल न होती।

किंतु मंगल पांडे को दोषी ठहराया जाना उचित नहीं जान पड़ता। जो स्थितियाँ सामने थीं, उन्हें देखते हुए कोई भी देशभक्त अपने वश में नहीं रहता। मंगल पांडे ने 29 मार्च को ही गोली क्यों चलाई, इस बात को समझने के लिए हमें यहाँ दो बातों पर ध्यान देना चाहिए।

जिन दिनों 31 मई को होने वाले क्रांति-यज्ञ की चर्चा जोरों से चल रही थी, उन्हीं दिनों कलकज़ा के सैनिकों में यह अफवाह फैली कि अंग्रेज सरकार जो कारतूस सैनिकों को देती है और जिन्हें वे अपने दाँतों से काटकर खोलते हैं, उनमें सूअर और गाय की चरबी लगी रहती है। इस अफवाह ने हिंदू और मुसलमान दोनों धर्मों के सैनिकों में आकुलता पैदा कर दी। दोनों धर्मों के सैनिक अंग्रेजी सरकार के विरुद्ध विद्रोह करने के लिए उतारन हो गए। दूसरे सैनिक तो मौन ही रहे, पर मंगल पांडे से अपने देश और धर्म का अपमान सहन नहीं हुआ। उन्हें एक-एक क्षण युग के समान लंबा लगने लगा। वे शीघ्र ही अंग्रेजों की छाती गोलियों से छलनी कर मृत्यु की गोद में सुलाने के लिए उतावले हो उठे।

एक और बात थी, जिसके कारण मंगल पांडे को 29 मार्च को ही गोली चलानी पड़ी। लखनऊ के नवाब वाजिद अली शाह को लखनऊ से निर्वासित कर दिया गया था। उन दिनों वाजिद अली शाह अपने वजीर अलीनकी खाँ के साथ बैरकपुर के पास निवास करते थे। वाजिद अली शाह और अलीनकी खाँ दोनों के हृदय में अंग्रेजों के विरुद्ध घृणा और शत्रुता की आग जल रही थी। दोनों ही बड़े कौशल के साथ सैनिकों से मिलते थे, उन्हें क्रांति के लिए उकसाया करते थे। कहा जाता है कि अलीनकी खाँ के द्वारा उज्जेजित किए जाने के कारण ही मंगल पांडे ने 29 मार्च को गोली चला दी थी।

जो भी हो, मंगल पांडे ने निश्चित समय से पूर्व ही गोली चलाकर 1857 की महाक्रांति का सूत्रपात कर दिया था।

सैनिकों में जब अफवाह फैली, तो उन्होंने विद्रोह करने का निश्चय किया। अंग्रेजों को जब इसका पता चला तो उन्होंने भी विद्रोह को दबाने का दृढ़ निश्चय किया। उन्होंने दो काम किए—एक तो यह कि बर्मा से गोरी पलटन मँगाई और दूसरा उन्नीस नंबर की पलटन को भंग करने का विचार किया तथा सैनिकों के वस्त्रों और उनके हथियारों को भी छीनने का निश्चय किया।

उन्नीस नंबर की पलटन के सैनिकों को जब इन बातों का पता चला तो उनके भीतर की विद्रोहाग्नि और भी अधिक तीव्र हो उठी। उन्होंने निश्चय किया कि प्राण दे देंगे, पर देश और धर्म का अपमान नहीं सहन करेंगे।

मंगल पांडे 19 नंबर पलटन के सैनिक थे। उन्हें जब अंग्रेजों के द्वारा किए जाने वाले दमन की तैयारियों का पता चला तो उनके हृदय में अग्नि का सागर उमड़ पड़ा। उन्होंने अपने साथियों और मित्रों से कहा, ''31 मई तक रुकना उचित नहीं है। हमें जल्द-से-जल्द विद्रोह की आग को जला देना चाहिए। देर करने से हो सकता है कि अंग्रेज अपने को शक्तिशाली बना लें।''

किंतु मंगल पांडे की यह बात नहीं मानी गई, जो लोग महाक्रांति की तैयारियों में लगे हुए थे, उन्होंने मंगल पांडे की बात का विरोध किया। उन्होंने कहा कि केवल कलकत्ता की ही क्रांति से कुछ नहीं हो सकता। क्रांति तो पूरे भारत के फौजियों में एक साथ और एक ही दिन होनी चाहिए। 31 मई का दिन निश्चित किया गया है। उससे पूर्व कुछ भी नहीं करना चाहिए।

मंगल पांडे को विद्रोह के लिए 31 मई तक रुकना स्वीकार नहीं था। उन्होंने अपने साथियों और मित्रों को अपने विचारों के साँचे में ढालने का बहुत प्रयत्न किया, किंतु इस संबंध में कोई भी उनकी बात मानने के लिए तैयार नहीं हुआ। उन्होंने जब यह देखा कि उनका कोई भी साथ देने के लिए तैयार नहीं हो रहा है, तो उन्होंने स्वयं अकेले ही विद्रोह की आग को जलाने का निश्चय किया।

29 मार्च का दिन था। लगभग दस बज रहे थे। मंगल पांडे ने बंदूक उठाकर उसमें गोली भर ली। वे हाथ में बंदूक लेकर उस मैदान में पहुँचे, जहाँ सैनिक परेड करते थे। उन्होंने सैनिकों को संबोधित करते हुए कहा—''भाइयो, चुपचाप क्यों बैठे हो, देश और धर्म तुम्हें पुकार रहा है। उठो, मेरा

साथ दो। फिरंगियों को देश से बाहर निकाल दो। देश की बागडोर उनके हाथों से छीन लो।''

सैनिकों ने कुछ भी उज़्र नहीं दिया। वे अपने स्थान पर ही खड़े रहे और चुपचाप मंगल पांडे की बातें सुनते रहे।

मंगल पांडे परेड के मैदान में सिंह की तरह गर्जना कर रहे थे। इसी समय मेजर ह्यूसन वहाँ उपस्थित हुआ। मंगल पांडे की बातें उसके भी कानों में पड़ीं। उसने सैनिकों की ओर देखते हुए कहा, ''पांडे को गिरज़्तार कर लो।''

पर कोई भी सैनिक नहीं उठा। स्पष्ट है, सैनिकों की सहानुभूति मंगल पांडे के प्रति थी। वे मंगल पांडे का साथ नहीं दे रहे थे, किंतु यह तो सत्य ही है कि मंगल पांडे की तरह वे भी अंग्रेजों का विनाश चाहते थे। सैनिकों को मौन देखकर ह्यूसन गरज उठा—''मेरा हुक्म मानो, पांडे को गिरज़्तार करो।''

ह्यूसन के शज़्दों के उज़्र में मंगल पांडे की बंदूक गरज उठी—धाँय-धाँय। बंदूक की गोली ह्यूसन की छाती में लगी। वह धरती पर गिरकर प्राणशून्य हो गया।

ह्यूसन धरती पर गिरा ही था कि एक दूसरा गोरा अफसर आ गया। उसका नाम लेज़्टिनेंट बॉग था। मंगल ने देखते ही उस पर भी गोली चला दी। वह घोड़े पर सवार था। गोली लगने से घोड़ा और सवार दोनों धराशायी हो गए। मंगल पांडेय पुन: बंदूक में गोली भरने लगे। वे गोली भर ही रहे थे कि बॉग उठकर खड़ा हो गया। उसने अपनी पिस्तौल से मंगल पर गोली चलाई, पर उसका निशाना चूक गया। मंगल ने शीघ्र ही ज़्यान से तलवार निकाल ली। बॉग ने अपनी तलवार से मंगल पर वार किया, किंतु उसका वार खाली गया। वह पुन: तलवार चलाए, उससे पहले ही मंगल ने अपनी तलवार से उसका काम तमाम कर दिया।

बॉग गिरा ही था कि एक तीसरा गोरा अफसर और आ गया। वह पहुँचते ही मंगल पर टूट पड़ा। वह मंगल के पास पहुँचे, उससे पूर्व ही एक-दूसरे सिपाही ने अपनी बंदूक के कुंदे से उसके सिर पर वार किया और वह भी धराशायी हो गया।

तीन-तीन गोरों की लाशें धरती पर पड़ी थीं। धरती रक्त से लाल हो गई थी। मंगल हाथ में बंदूक और तलवार लिये हुए सिंह की तरह खड़े थे।

सिपाही इधर-उधर घूम रहे थे। एक उज्जेजना का वातावरण पैदा हो गया था। उसी समय कर्नल व्हीलर घटनास्थल पर पहुँचा। उसने सिपाहियों को आदेश दिया—''मंगल को बंदी बनाओ।''

किसी भी सिपाही ने व्हीलर के आदेश का पालन नहीं किया। उलटे किसी ने गरजकर कहा, ''हम साँस रहते ब्राह्मण का बाल बाँका न होने देंगे।''

सिपाहियों के रुख को देखकर व्हीलर अपने बँगले में लौट गया। अब तक बिजली की तरह खबर फैल चुकी थी। शीघ्र ही कर्नल हियर्से गोरे सैनिकों की एक टुकड़ी लेकर वहाँ जा पहुँचा। मंगल अब समझ गए कि अब अवश्य बंदी बना लिये जाएँगे। वे जीते जी बंदी नहीं बनना चाहते थे। अतः उन्होंने अपनी ही बंदूक से अपनी छाती में गोली मार ली।

मंगल धरती की गोद में गिर पड़े। गोरों ने उनके निकट जाकर देखा, वे जीवित थे। शीघ्र ही अस्पताल ले जाकर उनकी चिकित्सा की जाने लगी।

मंगल मातृभूमि के चरणों पर सो जाना चाहते थे, किंतु चिकित्सा से स्वस्थ हो गए। उन पर सैनिक अदालत में अभियोग चलाया गया। उनसे पूछा गया, ''कौन-कौन से लोग उनके साथी हैं।''

मंगल पांडे ने किसी का भी नाम नहीं बताया। उन्होंने कहा, ''मैंने जो कुछ किया है, अकेले ही किया है। तीनों गोरों की हत्या मैंने ही की है। उनसे मेरी कोई शत्रुता नहीं है। अपने देश और धर्म की रक्षा के लिए मैंने ऐसा किया है।''

मंगल पांडे को फाँसी का दंड दिया गया। फाँसी के लिए 8 अप्रैल का दिन निश्चित किया गया था, किंतु 8 अप्रैल को फाँसी देने के लिए बैरकपुर में कोई जल्लाद उपलब्ध नहीं हुआ। जो जल्लाद थे, उन्होंने धर्म की रक्षा के लिए युद्ध करने वाले मंगल पांडे को फाँसी पर चढ़ाने से इनकार कर दिया। आखिर कलकज़ा से चार जल्लाद बुलाए गए। उन जल्लादों को पता नहीं था कि मंगल पांडे कौन हैं और उन्होंने गोरे अफसरों पर गोली क्यों चलाई थी।

मंगल पांडे जल्लादों द्वारा फाँसी पर चढ़ा दिए गए। उनके पंचभौतिक शरीर का अंत हो गया, किंतु उनकी आत्मा आज भी विद्यमान है और सदा रहेगी।

❑

मंगल पांडे का मुकदमा

(मंगल पांडे की बगावत ने ब्रिटिश शासन को हिलाकर रख दिया था। बगावत के समय किसी भारतीय सिपाही ने अंग्रेज अफसरों का बचाव नहीं किया, इस हकीकत को जानने के बाद आनन-फानन में मुकदमा चलाने का नाटक किया गया और वीर हुतात्मा मंगल पांडे को फाँसी पर लटका दिया गया। इस मुकदमे में शामिल वकील, न्यायाधीश आदि तमाम पक्ष ब्रिटिश थे। वे जल्द-से-जल्द मंगल पांडे को प्राणदंड देकर भारतीय सैनिकों को सबक सिखाना चाहते थे। चूँकि गोली से जख्मी हो चुके मंगल किसी भी समय दम तोड़ सकते थे। अतः सरकारी अस्पताल में ले जाकर उनका इलाज कराया गया। मुकदमे की काररवाई से संबंधित दस्तावेजों से ब्रिटिश शासन सरकार द्वारा किए गए इस प्रहसन का अंदाजा लगाया जा सकता है।)

अभियोग पक्ष

पहला गवाह

लेज़्टिनेंट एवं ब्रेवेट कर्नल एस.जी. व्हीलर, कमांडिंग 34 रेजिमेंट, नेटिव इनफैंट्री, अभियोजनकर्ता के रूप में शपथ ली।

जज एडवोकेट द्वारा

सवाल : आप 34वीं रेजिमेंट, नेटिव इनफैंट्री का संचालन करते हैं?
जवाब : हाँ।
सवाल : पिछले 29 मार्च को क्या आप अपनी रेजिमेंट के क्वार्टर गार्ड में पराजित हुए?

जवाब : हाँ।

सवाल : क्या हुआ था?

जवाब : उस दिन कैप्टन डूरी गाड़ी चलाकर दोपहर में मेरे घर आया, उसने बताया कि एक आदमी, एक सिपाही खुले तौर पर सिपाहियों से बगावत करने के लिए कह रहा था। मैं उसके साथ परेड मैदान की तरफ बढ़ा।

सवाल : आपने वहाँ क्या देखा?

जवाब : मैंने इस सिपाही को यानी बंदी को, क्वार्टर गार्ड के सामने चहलकदमी करते हुए देखा। उसके एक हाथ में राइफल और दूसरे हाथ में तलवार थी। मैं क्वार्टर गार्ड के बेल्स ऑफ आर्म्स के पिछले हिस्से की तरफ बढ़ा। मैंने ऐसा इसलिए किया, क्योंकि कई लोगों ने मुझे बताया कि अगर मैं बेल्स ऑफ आर्म्स के सामने की तरफ जाता तो मुझे गोली लग सकती थी। क्वार्टर गार्ड तक पहुँचने के बाद मुझे बताया गया कि बंदी ने लेज्टिनेंट बॉग और सार्जेंट मेजर पर हमला किया था। मैंने क्वार्टर गार्ड के तीन या चार लोगों को बंदूक में गोली भरने का आदेश दिया। उन्होंने गोली भरी। मैंने समूचे गार्ड को गोली भरने का आदेश दिया और देसी अधिकारी को मैंने आदेश दिया कि वह बंदी को गिरफ्तार करे। वह हिचकिचाया, उसने कहा कि कोई भी बंदी को हाथ नहीं लगाएगा।

मैंने दो या तीन बार आदेश को दोहराया, जब उसने आगे बढ़ने का हुक्म दिया। कुछ सिपाही थोड़ा बढ़े, फिर रुक गए और तब देसी अधिकारी लौटकर आया और बोला कि सिपाही आदेश का पालन नहीं करेंगे। ब्रिगेडियर परेड में मौजूद थे, इसीलिए मैंने उनके पास पहुँचकर उन्हें मामले के बारे में बताया। जहाँ तक मुझे याद है, जनरल 34वीं रेजिमेंट के सिपाहियों के सामने आए और ब्रिगेडियर से कुछ बातें करने के बाद कई अधिकारियों के साथ घोड़े पर सवार होकर क्वार्टर गार्ड की तरफ बढ़ गए। जनरल ने देसी अधिकारी को आदेश दिया कि वह अपने गार्ड को सामने लेकर आए। वे लोग कुछ कदम आगे बढ़े, तभी कैदी ने खुद को गोली मार ली।

सवाल : इन घटनाओं के दौरान सिपाही मंगल पांडे कहाँ था और क्या कर रहा था?

जवाब : वह परेड मैदान में सिपाहियों के सामने चहलकदमी कर रहा था। वह क्वार्टर गार्ड से तकरीबन एक सौ यार्ड की दूरी पर था।

सवाल : क्या आपने सुना, वह क्या कह रहा था?

जवाब : वह कुछ बोल रहा था, मगर मैं समझ नहीं पाया कि वह क्या कह रहा था।

सवाल : क्या आपने रेजिमेंट और एडजुटेंट के सार्जेंट-मेजर को देखा था?

जवाब : नहीं।

सवाल : क्या इस छावनी में इस घटना से पहले सिपाहियों का आचरण अस्वाभाविक नजर आया था?

जवाब : जनवरी के अंत में सिपाहियों के बीच नए कारतूस को लेकर काफी चर्चा होने लगी थी, जिसे मैं समझ सकता था। उन्हें लग रहा था कि नए कारतूस के निर्माण में गड़बड़ी की गई है और इस हथकंडे का इस्तेमाल हम उन्हें ईसाई बनाने के लिए करना चाहते हैं। ऐसा हम बल प्रयोग के जरिए करना चाहते हैं।

सवाल : इस तरह की धारणा को बदलने के लिए आपकी जानकारी में डिवीजन के मेजर जनरल की तरफ से किस तरह का कदम उठाया गया?

जवाब : 9 फरवरी को छावनी में आम परेड का आदेश देकर सभी सिपाहियों को एकत्र किया गया, जहाँ जनरल ने सिपाहियों को नए कारतूस के मसाले के बारे में संबोधित किया।

सवाल : क्या 29 मार्च को कोई यूरोपीय फौजी टुकड़ी छावनी में पहुँची थी?

जवाब : सूचना मिली थी कि उनमें से कुछ घाट पर यानी इस छावनी के फ्लैग-स्टाफ घाट तक पहुँच चुके हैं।

सवाल : क्या उसी समय छावनी में नेटिव इनफैंट्री की 19वीं रेजिमेंट पहुँचने वाली नहीं थी?

जवाब : हाँ।

सवाल : क्या छावनी में मौजूद देसी सिपाहियों को इस बात की जानकारी थी कि नई रेजिमेंट यहाँ क्यों बुलाई गई है?

जवाब : 18 मार्च को आम परेड के दौरान जनरल ने बताया था कि बरहमपुर की घटना की वजह से नेटिव इनफैंट्री की 19वीं रेजिमेंट को निःशस्त्र किया जाएगा।

बंदी ने सवाल-जवाब से इनकार कर दिया।

कोर्ट अब नेटिव इनफैंट्री की 43वीं रेजिमेंट के सार्जेंट मेजर के बँगले में सुनवाई के लिए गई, क्योंकि नेटिव इनफैंट्री 34वीं रेजिमेंट के सार्जेंट मेजर जे.टी. ह्यूसन कोर्ट में उपस्थित होने की स्थिति में नहीं थे। इस अवसर पर बंदी और समस्त पक्ष मौजूद रहे।

द्वितीय गवाह

सार्जेंट-मेजर जे.टी. ह्यूसन, 34वीं रेजिमेंट, नेटिव इनफैंट्री ने शपथ ली।

अभियोजनकर्ता द्वारा

सवाल : आपका धार्मिक नाम क्या है?

जवाब : जेज़्स थोर्टोन।

सवाल : क्या आप 29 मार्च के घटनाक्रम के बारे में बताएँगे?

जवाब : 29 मार्च को 4 से 6 बजे के बीच नेटिव इनफैंट्री की 34वीं रेजिमेंट के क्वार्टर गार्ड का नायक इमाम खान, कंपनी नंबर पाँच मेरी बगल में आया और उसने बताया कि कंपनी नंबर पाँच का सिपाही मंगल पांडे राइफल में गोली भरकर क्वार्टर गार्ड के सामने घूम रहा है। उसने बताया कि मंगल पांडे ने भाँग का सेवन कर रखा था। मैंने नायक से कहा कि वह इस मामले की सूचना रेजिमेंट के एडजुटेंट को दे दे।

इसके बाद मैं वरदी पहनकर तलवार लेकर परेड मैदान में पहुँच गया। मैं जैसे ही लाइट कंपनी के बेल्स ऑफ आर्ज़्स के सामने गया, रेजिमेंट की वरदी में, मगर पैंट की जगह धोती पहने एक सिपाही ने, जिसने कोट और बेल्ट भी पहन रखी थी, निशाना लगाकर मुझे गोली मारी। गोली मुझे नहीं लगी, तब मैं बेल्स ऑफ आर्ज़्स के पिछले हिस्से में चला गया और मैंने सिपाहियों से उसे गिरफ़्तार करने का आदेश दिया। क्वार्टर गार्ड पहुँचकर मैंने देखा कि कुछ सिपाही वरदी पहन चुके थे और कुछ वरदी पहन रहे थे। मैंने क्वार्टर गार्ड कमांड सँभाल रहे देसी अधिकारी जमादार ईशुरी पांडे से कहा कि वह उस सिपाही को गिरफ़्तार क्यों नहीं करता। उसने कहा, 'मैं क्या कर सकता हूँ, मेरा नायक एडजुटेंट के पास गया है, हवलदार पील ऑफिसर के पास गया है। क्या मैं उसे अकेले गिरफ़्तार करूँगा?'

मैंने उसे आदेश दिया कि वह सिपाही को दबोच ले और अपनी बंदूक में गोली भर ले। कुछ सिपाही हिचकिचा रहे थे। जमादार ने उन्हें गोली भरने या गिरफ़्तार करने के लिए कुछ नहीं कहा। मैंने क्वार्टर गार्ड के दाएँ-बाएँ हिस्से में एक-एक संतरी को तैनात कर मंगल पांडे पर नजर रखने के लिए कहा। मैंने नंबर 5 कंपनी के जमादार गुणीश लल्ला और कलर हवलदार मुक्त प्रसाद पांडे को देखा। गुणीश लल्ला को मंगल पांडे से, जो अभी मेरे सामने बंदी के रूप में मौजूद है, बात करते हुए देखा। मैं कुछ समझ नहीं पाया कि वह क्या कह रहा था और हिंदुस्तानी में कही गई उन बातों को मैं अभी दोहरा नहीं सकता। मुझे ऐसा लगा कि गुणीश लल्ला उससे हथियार डाल देने के लिए कह रहा था।

कुछ देर बाद मुझे घोड़े के टाप की आवाज सुनाई पड़ी और लेफ़्टिनेंट-एडजुटेंट बॉग आ गए। उन्होंने कहा, 'कहाँ है वह? कहाँ है वह?' मैंने उनसे कहा कि वह अपनी बाईं तरफ देखें और फिर मैंने कहा, 'सर, दाईं तरफ अपनी जान बचाने के लिए भाग जाइए, सिपाही आपको गोली मार देगा।' तभी मैंने बंदी, मंगल पांडे को बंदूक से गोली दागते हुए देखा। एडजुटेंट का घोड़ा गिर पड़ा। मैंने सिपाही को निशाना लगाते हुए देखा। लेफ़्टिनेंट बॉग ने सँभलते हुए होलस्टर से अपनी पिस्तौल निकाली और बंदी मंगल पांडे पर गोली चलाई। मैंने देखा कि निशाना चूक गया था। एडजुटेंट ने तब अपनी तलवार निकाली और बंदी मंगल पांडे की तरफ दौड़ पड़े।

जब मैंने उन्हें ऐसा करते हुए देखा तो मैंने भी अपनी तलवार निकाल ली और उनके पीछे-पीछे गया। इस दौरान मैं सिपाहियों को बंदूक में गोली भरकर अपने साथ आने के लिए भी कह रहा था। मुझे लगता है कि हम दोनों एक ही समय बंदी के सामने पहुँच गए। मंगल पांडे ने तलवार से मुझ पर वार किया, मगर वार खाली गया। उसने एडजुटेंट पर वार किया। इस बार मंगल पांडे ने फिर मुझ पर तलवार से वार किया। उसी समय एक सिपाही ने पीछे से बंदूक के कुंदे से मुझ पर एक या दो बार हमला किया। जिसने पीछे से मेरे ऊपर हमला किया, उसे मैं पहचान नहीं पाया, मगर उसने रेजिमेंट की पोशाक पहन रखी थी। सँभलने के बाद मैं फिर बंदी की तरफ बढ़ने लगा और बाएँ हाथ से उसके कोट के कॉलर को पकड़ लिया। मैंने अपनी तलवार से उस पर कई वार किए और फिर उसने तलवार से मुझे जख़्मी कर दिया। एक बार फिर पीछे से

मुझ पर हमला किया गया और मुझे याद है कि जब मैं गिर पड़ा तो मेरी पीठ और मेरे सिर पर प्रहार किया गया। जब दूसरी बार मुझ पर हमला हुआ तो मैं बेहोश हो गया। जब मैं होश में आया तो क्वार्टर गार्ड के सामने मैंने कई सिपाहियों को देखा, जो वरदी पहने हुए थे।

मैंने लेफ़्टिनेंट बॉग को धीरे-धीरे 43वीं रेजिमेंट की तरफ बढ़ते हुए देखा। उनकी जैकेट खून से भीगी थी। मैं उनके पीछे-पीछे बढ़ने लगा। अपने बँगले के करीब आने के बाद मुझे अपने पीछे कदमों की आहट सुनाई पड़ी। जब मैं मुड़ा तो क्वार्टर गार्ड का जमादार ईशुरी पांडे नजर आया। मैंने उससे कहा कि उसने शर्मनाक आचरण किया था और मैं उसे गिरफ़्तार करने वाला था। मैंने उसकी तलवार छीनने की कोशिश की, मगर वह पीछे की तरफ हट गया। उसकी तलवार ज़्यान में थी। तब मैं अपनी पत्नी और दज़क पुत्री से मिला, जो मुझे 43वीं रेजिमेंट के सार्जेंट-मेजर के बँगले तक लेकर आईं। मैंने वहाँ लेफ़्टिनेंट बॉग को देखा और तब पता चला कि उनका हाथ बुरी तरह जख़्मी हो चुका।

सवाल : जब सिपाही मंगल पांडे क्वार्टर गार्ड के सामने था, तब क्या आपने उसे कुछ कहते हुए सुना था?

जवाब : हाँ—निकल आओ, पलटन, निकल आओ हमारे साथ। तुम लोगों के कहने पर मैं यहाँ आया हूँ, फिर तुम लोग मेरा साथ क्यों नहीं दे रहे हो?

सवाल : जब सिपाही ने आपकी तरफ निशाना लगाकर गोली चलाई, तब आपने कहीं गोली लगने की आवाज सुनी?

जवाब : मैंने करीब से गोली की आवाज सुनी थी।

सवाल : क्या क्वार्टर गार्ड के जमादार या दूसरे सिपाहियों ने आपकी मदद करने के लिए कोई प्रयास किया था?

जवाब : मुझे किसी तरह की मदद नहीं मिली। जो आदमी पीछे से आया, उसने मुझ पर और लेफ़्टिनेंट बॉग पर एक साथ हमला किया। मैंने लेफ़्टिनेंट बॉग के ऊपर पीछे से बंदूक के कुंदे से हमला होते हुए देखा।

सवाल : जब आप लेफ़्टिनेंट बॉग के साथ सामने की ओर गए, तब क्या आपने गोली चलने की आवाज सुनी?

जवाब : हाँ, मेरे पीछे सिपाहियों की कतार से गोली चलाई गई थी। मुझे लगता है, मेरे और लेफ़्टिनेंट बॉग के बीच से होकर गोली गुजर गई थी।

सवाल : क्वार्टर गार्ड से कितनी दूरी पर यह घटना घटी थी ?

जवाब : तीस या चालीस यार्ड की दूरी रही होगी।

सवाल : जहाँ आप और लेफ़्टिनेंट बॉग थे, वहाँ कितने सिपाही आए थे ?

जवाब : जहाँ मेरे ऊपर हमला किया, वहाँ से आते समय मैंने सात या आठ व्यक्तियों को देखा। सभी रेजिमेंट की वरदी में थे और मेरा मानना है कि वे सभी क्वार्टर गार्ड से आए थे।

सवाल : आप ऐसा क्यों समझते हैं कि वे क्वार्टर गार्ड से आए थे ?

जवाब : जब मैं लेफ़्टिनेंट बॉग की सहायता करने के लिए क्वार्टर गार्ड से निकला था, तब वहाँ मौजूद सिपाही वरदी पहन चुके थे। समय इतना कम था कि दूसरे लोग इतनी जल्दी वरदी पहनकर नहीं आ सकते थे और पिकेट के लिए जाने वाले सिपाही नीली पैंट पहनते हैं, मगर उन लोगों ने सफेद पैंट पहन रखी थी। उनमें से एक आदमी को मैं पहचान लिया था; हालाँकि मैं यकीन के साथ नहीं कह सकता कि वही रहा होगा, कंपनी का हीरालाल तिवारी, वह क्वार्टर गार्ड में था।

सवाल : क्या आपने रेजिमेंट के सिपाहियों को एकत्र होकर घटना की तरफ बढ़ते हुए देखा था ?

जवाब : हाँ, बेल्स ऑफ आर्ज़्स के बीच काफी सिपाही मौजूद थे। वे बाईं तरफ ज्यादा संज़्या में थे, चूँकि दाईं तरफ की तीन कंपनियाँ चटगाँव जा चुकी थीं।

सवाल : क्या उनमें से कोई सिपाही मदद करने के लिए आगे आया ?

जवाब : मैंने किसी को ऐसा करते हुए नहीं देखा। मैं घटना के दौरान लगातार बंदी पर नजर गड़ाए हुए था।

सवाल : जब आप क्वार्टर गार्ड में पहुँचे तो आपने जमादार को सिपाहियों से कुछ कहते हुए सुना था ?

जवाब : नहीं, वे लोग आपस में ही बातें कर रहे थे।

सवाल : आपके शरीर पर तलवार की वजह से कितने जज़्म हुए ?

जवाब : सिर पर दो जज़्म।

सवाल : क्या आपको जज़्मों की वजह से अभी तकलीफ हो रही है ?

जवाब : हाँ।

(गवाह बुरी तरह थका हुआ है और चारपाई पर लेटा है।)

बंदी ने सवाल-जवाब से इनकार कर दिया।

अपराह्न 3 बजे कोर्ट लेज्टिनेंट बी.एच. बॉग, एडजुटेंट, 34वीं रेजिमेंट, नेटिव इनफैंट्री के बँगले पर पहुँची, चूँकि वे कोर्ट के समक्ष उपस्थित होने में असमर्थ थे। बंदी और सभी पक्ष उनके बँगले पर उपस्थित हुए।

तीसरा गवाह

लेज्टिनेंट बी.एच. बॉग, एडजुटेंट, 34वीं रेजिमेंट, नेटिव इनफैंट्री ने शपथ ली।

अभियोजनकर्ता द्वारा

सवाल : आप लेज्टिनेंट बेंपडे हेनरी बॉग नेटिव इनफैंट्री की 34वीं रेजिमेंट के एडजुटेंट हैं ?

जवाब : हाँ।

सवाल : क्या आप 29 मार्च के घटनाक्रम के बारे में बताएँगे ?

जवाब : पिछले रविवार को दोपहर बाद पाँच बजे के आसपास रेजिमेंट का हवलदार मेजर मेरे निवास पर पहुँचा और उसने बताया कि नंबर 5 कंपनी का एक सिपाही मंगल पांडे रेजिमेंट के क्वार्टर गार्ड के सामने पहुँच गया है और उसने सार्जेंट मेजर पर गोली चलाई है। मैंने उससे कहा कि वह जाकर कर्नल व्हीलर को इस घटना के बारे में बताए। मैंने अपने चार्जर को आदेश दिया, अपनी वरदी पहनी, होलस्टर में पिस्तौल रखी और घोड़े पर सवार होकर रेजिमेंट के क्वार्टर गार्ड तक जल्दी ही पहुँच गया।

मैं क्वार्टर गार्ड के पास पहुँचा ही था, तभी गोली चलाई गई और मेरा घोड़ा गिर पड़ा। मैंने जल्द-से-जल्द अपने आपको सँभाल लिया और बाएँ होलस्टर से पिस्तौल निकालकर जब मैंने बंदी को बंदूक में फिर से गोली भरते हुए देखा, मैंने तुरंत गोली चला दी। उसने बंदूक में गोली भरना बंद कर दिया। मैंने फौरन तलवार ज्यान से बाहर निकाल ली और उसे पकड़ने के लिए उसकी तरफ दौड़ पड़ा। मैं आधे रास्ते तक ही पहुँचा था कि बंदी ने भी ज्यान से तलवार निकाल ली। मैंने पीछे मुड़कर देखा कि मेरा घोड़ा कहाँ था, मगर वह जा चुका था, इसीलिए मैंने आगे बढ़ना जारी रखा और कैदी पर हमला कर दिया।

शायद पाँच या आठ मिनट तक हमारा संघर्ष चला। इस दौरान तलवार

के एक वार से मेरा बायाँ हाथ पूरी तरह बेकार हो गया। यह वार बंदी ने मुझ पर किया था। मेरी गरदन पर भी एक गहरा घाव हो गया, दूसरा घाव सिर पर हो गया। आखिरी घाव तलवार से हुआ या बंदूक के कुंदे से, मैं निश्चित तौर पर कुछ नहीं कह सकता। एक गोली मेरे करीब से होकर गुजर गई। यह क्वार्टर गार्ड की दिशा से चलाई गई थी।

जब मुझे लगा कि मैं धीरे-धीरे अशक्त होता जा रहा हूँ, मैं पीछे की तरफ हटने लगा। इस दौरान ग्रेनेडियर कंपनी के सिपाही शेख पलटू को छोड़कर रेजिमेंट के क्वार्टर गार्ड या लाइन का कोई भी सिपाही मेरी मदद के लिए आगे नहीं आया। शेख पलटू ने बंदी को दबोच लिया और इस तरह मुझे वापस लौटने का मौका मिल गया। मैं नेटिव इनफेंट्री की 43वीं रेजिमेंट के सार्जेंट-मेजर के बँगले तक पहुँच गया, जहाँ से कैप्टन बिगिन्स मुझे उपचार के लिए डॉक्टर एलेन्स के पास लेकर गए।

सवाल : रेजिमेंट के क्वार्टर गार्ड से कितनी दूरी पर यह घटना घटी?

जवाब : मेरे घोड़े को रेजिमेंट के क्वार्टर गार्ड से आठ या नौ यार्ड की दूरी पर गोली मारी गई और चालीस या पचास यार्ड की दूरी पर मुठभेड़ हुई।

सवाल : क्या आपकी गरदन पर भी बंदी ने ही जख्म बनाया?

जवाब : हाँ।

सवाल : जब आप घोड़े पर सवार होकर पहुँचे, तब क्या कई सिपाही वहाँ मौजूद थे?

जवाब : काफी संख्या में थे।

सवाल : संघर्ष के दौरान क्या आपने किसी ऐसे व्यक्ति को अपनी तरफ आते हुए देखा, जो रेजिमेंट की वरदी में था?

जवाब : मैं ध्यान नहीं दे पाया, चूँकि मैं बंदी के हमले का जवाब देने में जुटा हुआ था।

सवाल : जब आप बंदी से लड़ रहे थे, तब क्या उसने आपसे कुछ कहा?

जवाब : मुझे याद नहीं आ रहा।

सवाल : क्या आपका घोड़ा गोली लगने से घायल हो गया?

जवाब : हाँ।

सवाल : जब आपने सबसे पहले बंदी की तरफ देखा, तब वह कहाँ था?

जवाब : वह बाईं तरफ था, लगभग पचास यार्ड की दूरी पर, क्वार्टर गार्ड के सामने था।

बंदी ने सवाल-जवाब से इनकार कर दिया।

कोर्ट 34वीं रेजिमेंट मेस हाउस में लौट आई। बंदी व सभी पक्ष उपस्थित हुए।

चौथा गवाह

ड्रमर जॉन लेवीस, 34वीं रेजिमेंट, नेटिव इनफैंट्री को कोर्ट बुलाती है और शपथ दिलाती है।

अभियोजनकर्ता द्वारा

सवाल : क्या आप रविवार, 29 मार्च को बैरकपुर की अपनी रेजिमेंट के क्वार्टर गार्ड में ड्रमर की ड्यूटी पर तैनात थे?

जवाब : मैं गार्ड का ड्रमर था।

सवाल : आप घटनाक्रम के बारे में बताएँगे?

जवाब : दोपहर बाद तकरीबन चार बजे बंदी क्वार्टर गार्ड की तरफ आया। वह चिल्लाया कि ड्रमर कहाँ है। मुझे देखने के बाद उसने सबको एकत्र करने के लिए ड्रम बजाने के लिए कहा। डरने के बावजूद मैंने उसके आदेश का पालन नहीं किया, तब उसने बंदूक मेरी तरफ तान दी। फिर भी मैंने उसके आदेश का पालन नहीं किया। एक सिपाही को नजदीक देखकर बंदूक को नीचे झुकाकर उसने कहा, तुम तैयार क्यों नहीं हो रहे हो? यह हमारे धर्म का सवाल है। वह वहाँ कुछ देर रहा और कहता रहा कि सबको जमा करो। कुछ देर बाद जब सार्जेंट मेजर आ गए, मैंने अपनी जगह से देखा, जहाँ मैंने अपने आपको छिपा लिया था, उसने सार्जेंट मेजर पर गोली चला दी थी, जो बाईं तरफ से उसकी तरफ बढ़ते आ रहे थे।

मैं देख नहीं पाया कि गोली कहाँ लगी। मैंने सिर्फ गोली चलने की आवाज सुनी। तकरीबन पंद्रह मिनट के बाद बाईं तरफ से एडजुटेंट भी आ गए। मैंने बंदी को अपनी बंदूक से एडजुटेंट की तरफ गोली चलाते हुए देखा, गोली घोड़े को लगी। घोड़ा गिर पड़ा और एडजुटेंट ने अपने आपको सँभाल लिया। वह पिस्तौल लेकर पैदल ही बंदी की दिशा में आगे बढ़े। उनके साथ सार्जेंट मेजर

भी आगे बढ़े। बंदी ने फिर अपनी बंदूक से गोली चलाई। मैंने बंदी को तलवार से सार्जेंट मेजर और एडजुटेंट पर हमले करते हुए देखा।

सवाल : इस दौरान गार्ड का जमादार क्या कर रहा था?

जवाब : जमादार गार्ड के पिछले हिस्से की तरफ चला गया।

सवाल : जब एडजुटेंट और सिपाही के बीच लड़ाई हो रही थी, तब क्वार्टर गार्ड का जमादार कहाँ था?

जवाब : वह गार्ड में मौजूद था।

(गवाह घबराया हुआ है, उससे कहा जाता है कि घबराने की जरूरत नहीं है।)

सवाल : जब लड़ाई चल रही थी, तब क्वार्टर गार्ड का जमादार क्या कर रहा था?

जवाब : वह सिपाहियों के साथ खड़ा था। वह कुछ नहीं कर रहा था।

सवाल : जहाँ लड़ाई चल रही थी, क्या आप वहाँ सिपाहियों के साथ गए थे?

जवाब : मैं नहीं गया।

सवाल : क्या कोई गार्ड गया था?

जवाब : मैंने किसी को जाते हुए नहीं देखा।

सवाल : क्या सिपाही हीरालाल तिवारी गया था या नहीं गया था?

जवाब : मैं उसे नहीं पहचानता।

सवाल : जहाँ लड़ाई चल रही थी, क्या वहाँ जमादार सिपाहियों के साथ गया था?

जवाब : नहीं, वह सिपाहियों के साथ नहीं गया था।

बंदी ने सवाल-जवाब से इनकार कर दिया।

कोर्ट द्वारा

सवाल : जब सिपाही मंगल पांडे क्वार्टर गार्ड के सामने आया तो कितनी दूरी पर था!

जवाब : तकरीबन तेरह कदम की दूरी पर रहा होगा।

सवाल : तब जमादार कहाँ था?

जवाब : मैं सिलाई कर रहा था और उसे देख नहीं पाया।

सवाल : क्या आपको मालूम था कि वह कहाँ था?

जवाब : वह क्वार्टर गार्ड के अंदर था।

सवाल : क्या क्वार्टर गार्ड के किसी सिपाही ने बंदी को पकड़ने की कोशिश की?

जवाब : किसी ने कोशिश नहीं की।

सवाल : क्या जमादार ने बंदी को पकड़ने के लिए किसी को आदेश दिया?

जवाब : नहीं।

गवाह चुप हो गया।

पाँचवाँ गवाह

हवलदार शेख पलटू, 34वीं रेजिमेंट, नेटिव इनफैंट्री को कोर्ट में बुलाया गया और शपथ दिलाई गई।

अभियोजनकर्ता द्वारा

सवाल : 29 मार्च को आप ग्रेनेडियर कंपनी के एक सिपाही थे, अब आपको तरक्की देकर हवलदार बना दिया गया है। है न?

जवाब : हाँ, अब मैं हवलदार हूँ।

सवाल : 29 मार्च को दोपहर बाद परेड मैदान में घटी घटना के बारे में बताएँ।

जवाब : साढ़े तीन बजे मैं आराम करने के लिए गया था, जब मैं लाइन में वापस लौटा तो मैंने कोट और टोपी पहने मंगल पांडे को देखा। उसके हाथ में बंदूक थी। वह चिल्ला रहा था—बाहर आ जाओ, फिरंगी यहाँ हैं। इन कारतूसों को दाँत से काटने पर हम धर्मभ्रष्ट हो जाएँगे। तैयार हो जाओ, सभी बाहर निकल आओ। वह ढोल बजाने वाले के पास गया और ढोल बजाकर सबको एकत्र करने के लिए कहा। दोनों ढोल बजाने वाले छिप गए। सार्जेंट मेजर आए, तब सिपाही ने उन पर गोली चला दी। सार्जेंट मेजर ने क्वार्टर गार्ड के जमादार से कहा—देखो, मैंने कुछ नहीं किया और उसने मुझ पर गोली चला दी। मंगल पांडे क्वार्टर गार्ड के सामने तेजी से चक्कर काट रहा था, वह तकरीबन तीस कदम की दूरी पर था।

सवाल : क्या आपने एडजुटेंट को आते हुए देखा?

जवाब : हाँ।

सवाल : उसके बाद क्या हुआ?

जवाब : एडजुटेंट आए और उन्होंने उसकी तरफ देखा, तभी सिपाही मंगल पांडे ने गोली चलाई, गोली घोड़े की बाईं जाँघ में लगी।

सवाल : क्या उसने निशाना लगाकर गोली चलाई थी?

जवाब : हाँ।

सवाल : उसके बाद क्या हुआ?

जवाब : घोड़ा गिर पड़ा। एडजुटेंट ने तब होलस्टर से पिस्तौल निकाल ली और मुझसे बोले, 'शेख पलटू, कोई मेरी मदद नहीं कर रहा है, तुम मेरे साथ आओ।' तब हम आगे बढ़े, हमारे साथ सार्जेंट मेजर भी आगे बढ़े। सिपाही के करीब जैसे ही पहुँचे, उसने एडजुटेंट के हाथ को तलवार से जख़्मी कर दिया, फिर सार्जेंट मेजर के सिर पर वार कर दिया। सिपाही ने उनके ऊपर फिर हमला किया। मैं तभी आगे बढ़ा और उसकी कमर को दबोच लिया। उसने वार करते हुए मेरे हाथ को घायल कर दिया। एडजुटेंट और सार्जेंट मेजर पीछे हटते चले गए। वरदीधारी सिपाहियों ने एडजुटेंट और सार्जेंट मेजर पर बंदूक के कुंदे से वार किया।

सवाल : वे सिपाही कौन थे?

जवाब : वे क्वार्टर गार्ड के सिपाही थे। सभी वरदी में थे।

सवाल : क्या आप उनको पहचानते हैं?

जवाब : नहीं, मैं बीस कदम की दूरी पर था। जब एडजुटेंट पीछे हट रहे थे, तभी उन लोगों ने वार किया था।

सवाल : वहाँ वरदी में कितने सिपाही थे?

जवाब : मैंने चार को देखा।

सवाल : जब सिपाही और एडजुटेंट के बीच लड़ाई हो रही थी, तब क्या आपने गोली की कोई आवाज सुनी थी?

जवाब : हाँ, क्वार्टर गार्ड की तरफ से गोली चलाई गई थी, जो सार्जेंट मेजर और एडजुटेंट के बीच से होकर गुजर गई थी।

सवाल : क्या आपने देखा कि गोली कहाँ से चलाई गई थी?

जवाब : यह मेरे पीछे की तरफ से चलाई गई थी, जो क्वार्टर गार्ड की

तरफ से आई थी।

सवाल : क्या सिपाही मंगल पांडे उन्माद की हालत में था?

जवाब : वह भाँग खाता है, मैं नहीं जानता कि उसने तब भाँग खा रखी थी या नहीं।

सवाल : जब एडजुटेंट और सार्जेंट मेजर वापस लौट गए तब सिपाही मंगल पांडे का क्या हुआ?

जवाब : मैंने उसे पकड़कर रखा था। मैंने उसे तब तक पकड़कर रखा जब तक एडजुटेंट मैदान से चले नहीं गए। मैंने गार्ड के जमादार को पुकारा, जो मुझसे तीस कदम की दूरी पर थे। मैंने उनसे चार सिपाहियों को भेजने के लिए कहा, ताकि पांडे पर काबू पाया जा सके।

सवाल : क्या उस पर काबू पाने के लिए जमादार ने सिपाहियों को भेजा था?

जवाब : नहीं, किसी को नहीं भेजा।

सवाल : क्या जमादार ने आपको कोई जवाब दिया?

जवाब : नहीं, वह क्वार्टर गार्ड के भीतर थे।

सवाल : आपने सिपाही को कब बंधन-मुक्त कर दिया?

जवाब : जब मेरे लिए उसे पकड़कर रखना मुमकिन नहीं रह गया। मैं घायल हो चुका था।

सवाल : क्या किसी सिपाही ने उसे छोड़ देने के लिए हस्तक्षेप किया था?

जवाब : हाँ।

सवाल : वे सिपाही कौन थे?

जवाब : कुछ क्वार्टर गार्ड थे।

सवाल : उनके नाम?

जवाब : मैं उन्हें नहीं जानता, वहाँ एक भीड़ थी, भीड़ के भीतर से मुझे कहा जा रहा था कि मैं पांडे को छोड़ दूँ।

गवाह चुप हो गया।

अभियोजन बंद हो गया।

बंदी से अपने बचाव के लिए कहा गया तो उसने कहा—

"मैं नहीं जानता कि मैंने किसे जख्मी बनाया और किसे छोड़ दिया और

मैं क्या कह सकता हूँ? मुझे कुछ और नहीं कहना है।

जब बंदी से साक्ष्य के बारे में पूछा गया तो उसने कहा, ''मेरे पास साक्ष्य नहीं है।''

कार्यवाही समाप्त हुई।

(30 मार्च, 1857 को बैरकपुर में स्पेशल कोर्ट ऑफ इनक्वायरी की सुनवाई हुई, जिसका ज्योरा इस प्रकार है :)

पहला गवाह

शेख पलटू, 35वीं रेजिमेंट, नेटिव इनफैंट्री, ड्रिल में प्रभारी लांस नायक कोर्ट में बुलाया जाता है और उसे शपथ दिलाई जाती है।

कोर्ट द्वारा

सवाल : जब मंगल पांडे परेड मैदान की तरफ जा रहा था, तब वह आपसे कितनी दूरी पर था?

जवाब : मैं रेजिमेंट की ग्रेनेडियर कंपनी के कोट के पास था। मंगल पांडे लाइन के बीच से निकलकर आया। वह मुझसे लगभग सौ यार्ड की दूरी पर था।

सवाल : आपने उसे क्या कहते हुए सुना?

जवाब : वह समूची रेजिमेंट से विद्रोह करने के लिए कह रहा था, वह कह रहा था कि फिरंगी पहुँच चुके हैं।

सवाल : क्या उसकी बातें काफी सिपाही सुन रहे थे और उस दौरान दूसरे सिपाही किस तरह प्रतिक्रिया व्यक्त कर रहे थे?

जवाब : लाइन के सभी सिपाही मौजूद थे और उसकी तरफ देख रहे थे, मगर सभी चुप थे। मंगल पांडे उन्हें आवाज लगा रहा था—फिरंगी कारतूस लेकर आए हैं, वे हमें नए कारतूस को दाँत से काटने के लिए मजबूर कर देंगे और इस तरह हमारे धर्म को भ्रष्ट कर देंगे।

सवाल : जब मंगल पांडे विद्रोह करने के लिए कह रहा था, क्या तब सिपाहियों ने उसके प्रति किसी तरह की सहानुभूति का प्रदर्शन किया था?

जवाब : नहीं, सिर्फ पाँचवीं कंपनी के जमादार गुणीश लल्ला को छोड़कर

किसी ने सहानुभूति का प्रदर्शन नहीं किया था। लल्ला उसे समझा रहा था—क्या तुमने सुना नहीं कि तुझ्हें दाँत से कारतूस को नहीं खोलना होगा। परेशानी मत पैदा करो।

सवाल : जब मंगल पांडे ने सार्जेंट मेजर और एडजुटेंट पर गोली चलाई और तलवार से हमला किया, तब भी क्या सारे सिपाही मूकदर्शक बने हुए थे?

जवाब : हाँ, वे लोग देख रहे थे।

सवाल : क्या उनमें से कोई एडजुटेंट और सार्जेंट मेजर का बचाव करने के लिए आपकी तरफ आया?

जवाब : कोई नहीं आया।

सवाल : कितने वरदीधारी सिपाहियों ने एडजुटेंट और सार्जेंट मेजर के ऊपर बंदूक के कुंदों से हमला किया था?

जवाब : तीन या चार रहे होंगे, मगर मैं नहीं जानता कि वे क्वार्टर गार्ड से हैं या पिकेट से।

सवाल : आप उन लोगों को क्यों पहचान नहीं पाए?

जवाब : मैं घायल था और भ्रमित भी।

सवाल : आपने जिन लोगों को हमला करते देखा, क्या उनमें कोई कमीशंड या गैर-कमीशंड अधिकारी भी था?

जवाब : मैंने ऐसे किसी अधिकारी को नहीं देखा।

सवाल : घटना शुरू होने के समय रेजिमेंट के सदस्य क्या कर रहे थे और क्या बेल्स ऑफ आर्म्स खुले हुए थे?

जवाब : कुछ खुले थे और कुछ बंद थे। कुछ सिपाही साफ-सफाई करने में जुटे हुए थे।

सवाल : कल की घटना से पहले क्या रेजिमेंट के सदस्यों में किसी तरह का असंतोष नजर आ रहा था?

जवाब : नहीं, मैं नहीं जानता।

गवाह चुप हो जाता है।

दूसरा गवाह

गुणीश लल्ला, जमादार, नंबर 5 कंपनी, 34वीं रेजिमेंट, नेटिव इनफैंट्री को कोर्ट में बुलाया जाता है और शपथ दिलाई जाती है।

कोर्ट के द्वारा

सवाल : कल की घटना के बारे में बताएँ?

जवाब : कल मैं उस समय घर के भीतर बैठा था, जब कंपनी का हवलदार गुरबज्श सिंह मेरे पास आया और बोला—पता नहीं सिपाही मंगल पांडे को क्या हो गया है, वह परेड मैदान में बंदूक और तलवार लेकर चक्कर काट रहा है। मैं अपनी कंपनी के कोट के सामने गया और उसे परेड मैदान में चहलकदमी करते हुए देखा। मैंने हवलदार गोबिन सिंह को सार्जेंट मेजर, एडजुटेंट और कमांडिंग ऑफिसर को इस मामले की सूचना देने के लिए भेज दिया। मैंने कंपनी के अर्दली हवलदार गुरबज्श सिंह को कंपनी के प्रभारी कैप्टन एलन को सूचित करने के लिए भेज दिया। मैंने सुना कि मंगल पांडे ने कोट से बंदूक सफाई करने के बहाने से उठाई थी।

सवाल : क्या आपने स्वयं मंगल पांडे को देखा, वह क्या कर रहा था?

जवाब : वह क्वार्टर गार्ड के सामने चक्कर काट रहा था, दूरी तकरीबन एक सौ पच्चीस कदम रही होगी।

सवाल : क्या वह कुछ कह रहा था?

जवाब : वह ढोल बजाने वाले से ढोल बजाकर सबको एकत्र करने के लिए कह रहा था और वह सभी सिपाहियों से तीन बजे बाहर निकल आने के लिए कह रहा था।

सवाल : इसके बाद उसने क्या किया?

जवाब : मैंने उसे नंबर 6 या नंबर 7 कंपनी की दिशा में बंदूक तानकर गोली चलाते हुए देखा। मैं नहीं जानता था कि उसने किस पर गोली चलाई थी। उसने तुरंत बंदूक में गोली भरी और लाइन के पीछे और आगे की तरफ चक्कर काटने लगा।

सवाल : इसके बाद क्या हुआ?

जवाब : सार्जेंट मेजर क्वार्टर गार्ड के पीछे आ गए और उन्होंने गार्ड के जमादार ईशुरी पांडे से कहा कि वह अपने सिपाहियों को भेजे, उन्होंने वैसा ही किया। तभी मैंने एडजुटेंट को घोड़े पर सवार होकर क्वार्टर गार्ड की तरफ आते हुए देखा। वह काफी नजदीक आ चुके थे, तभी मंगल पांडे ने उनके ऊपर गोली चला दी। गोली उनके घोड़े को लगी। वह गिर पड़ा। गार्ड के सिपाही एडजुटेंट को सहारा देने के लिए दौड़कर आगे बढ़े।

मंगल पांडे तकरीबन अस्सी या सौ यार्ड की दूरी पर था, जब उसने एडजुटेंट पर गोली चलाई थी। एडजुटेंट तुरंत सँभल गए और हाथ में पिस्तौल लेकर मंगल पांडे की तरफ गए। उनके साथ सार्जेंट मेजर थे, साथ ही शेख पलटू भी था, जो ग्रेनेडियर कंपनी की तरफ से आया था। एडजुटेंट ने पांडे को निशाना बनाकर पिस्तौल से गोली चलाई, मगर निशाना चूक गया, तब उन्होंने उसके ऊपर पिस्तौल फेंककर मारी।

एडजुटेंट ने अपनी तलवार बाहर निकाल ली। सार्जेंट मेजर ने भी अपनी तलवार म्यान से बाहर निकाल ली, तब सिपाही ने भी तलवार निकाल ली और उनके बीच लड़ाई शुरू हो गई। मैंने क्वार्टर गार्ड के कुछ सिपाहियों से कहा कि वे जाकर एडजुटेंट की सहायता करें। जब वे कुछ आगे बढ़े, तब मंगल पांडे तलवार फेंककर बंदूक को उलटी तरफ से पकड़कर कुंदे से वार कर रहा था। मैं देख नहीं पाया कि वह किसके ऊपर वार कर रहा है। मैंने देखा कि शेख पलटू ने उसकी कमर को जकड़कर रखा है। मैंने फिर मंगल पांडे को बंधनमुक्त होते हुए देखा, मगर मैं समझ नहीं पाया कि यह कैसे हो गया था।

सवाल : क्या आपने किसी सिपाही को वरदी में या सामान्य पोशाक में एडजुटेंट या सार्जेंट मेजर पर हमला करते हुए देखा?

जवाब : नहीं, मैंने नहीं देखा।

सवाल : क्या किसी सिपाही ने एडजुटेंट या सार्जेंट मेजर की सहायता की?

जवाब : सिर्फ एक आदमी हीरालाल दीक्षित या तिवारी उनकी तरफ बढ़ा, बाकी सभी लौट आए, क्योंकि एडजुटेंट ने उन्हें लौट जाने के लिए कहा।

सवाल : क्या ऐसा हो सकता है कि जिस समय एडजुटेंट की जान खतरे में थी, उस समय वह अपनी मदद के लिए आनेवालों को लौट जाने के लिए कहते?

जवाब : मैं नहीं कह सकता, मगर मैंने उन्हें आदेश देते हुए सुना था।

गवाह चुप हो जाता है।

कोर्ट की काररवाई कल दिन के 11 बजे तक के लिए स्थगित की जाती है।

1 अप्रैल, 1857 को कोर्ट की काररवाई पुनः शुरू हुई।

तीसरा गवाह

मुक्ता प्रसाद पांडे, हवलदार 5 नंबर कंपनी, 34वीं रेजिमेंट, नेटिव इनफैंट्री को कोर्ट में बुलाया जाता है और उसे सैन्य अधिनियम की धारा दो अनुच्छेद 22 की जानकारी दी जाती है।

सवाल : क्या आपने मंगल पांडे के अलावा किसी और को गोली चलाते हुए देखा?

जवाब : नहीं।

सवाल : आपने कितनी गोलियाँ चलने की आवाज सुनी?

जवाब : जब मैं कैप्टन ड्रूरी को सूचना दे रहा था, तब पहली गोली की आवाज सुनी थी। फिर जब एडजुटेंट बॉग के घोड़े को गोली लगी, तब आवाज सुनी थी।

सवाल : जब सिपाही, एडजुटेंट और सार्जेंट मेजर के बीच लड़ाई हो रही थी, तब क्या आपने तीसरी बार गोली चलने की आवाज सुनी थी?

जवाब : नहीं।

सवाल : ढोल बजाने वाले को मंगल पांडे ने ढोल बजाकर सबको एकत्र करने के लिए कहा था। इसकी वजह क्या थी?

जवाब : मैंने उसे कोई वजह बताते हुए नहीं सुना।

सवाल : जब लड़ाई चल रही थी, तब क्या आप दूर खड़े थे?

जवाब : हाँ, मैं दूर था। मैं एक सौ या एक सौ पच्चीस कदम की दूरी पर एक पीपल के पेड़ के पास खड़ा था। यह जगह क्वार्टर यार्ड से बाईं तरफ आठ या दस यार्ड की दूरी पर थी।

सवाल : हीरालाल तिवारी को छोड़कर क्वार्टर गार्ड के सिपाहियों को आपने आगे बढ़ते हुए क्या करते देखा था।

जवाब : कोई और आगे नहीं बढ़ा था।

सवाल : क्या आपने अपनी रेजिमेंट या दूसरे गार्ड के किसी सिपाही के हाथ में बंदूक देखी थी?

जवाब : नहीं, केवल क्वार्टर गार्ड के सिपाहियों के पास बंदूकें थीं।

सवाल : क्या आपकी रेजिमेंट के काफी सिपाहियों ने घटना को देखा था और उन्होंने क्या किया था?

जवाब : हाँ, मेरा खयाल है—एक सौ से लेकर एक सौ पच्चीस सिपाही

इस घटना को देख रहे थे।

सवाल : इस घटना के दौरान क्वार्टर गार्ड का जमादार क्या कर रहा था?

जवाब : कुछ नहीं।

सवाल : मंगल पांडे बंदूक और कारतूस हासिल करने में कैसे कामयाब हो गया?

जवाब : बेल्स ऑफ आर्म्स दो बजे खुल जाता है और तब सिपाही सफाई के लिए अपने हथियार लेकर जा सकते हैं।

कर्नल व्हीलर के द्वारा

सवाल : जिस समय मैं क्वार्टर गार्ड के पास खड़ा था, क्या तुमने किसी को यह कहते हुए सुना था कि मंगल पांडे एक ब्राह्मण है और कोई भी उसे हाथ नहीं लगा सकता?

जवाब : मैंने नहीं सुना।

गवाह चुप होता है।

चौथा गवाह

ढोलवादक जॉन लेपिस, नंबर 8 कंपनी, 34वीं रेजिमेंट, नेटिव इनफैंट्री को कोर्ट में बुलाया जाता है और शपथ दिलाई जाती है।

कोर्ट के द्वारा

सवाल : 29 मार्च को क्या आप क्वार्टर की अपनी ड्यूटी पर मौजूद थे?

जवाब : हाँ।

सवाल : क्या किसी ने आपको सामने से आकर कहा कि ढोल बजाकर सबको एकत्र करो?

जवाब : हाँ, उस सिपाही ने कहा, जो घायल होकर अस्पताल में पड़ा है और जिसका नाम मैं नहीं जानता। उसने मुझे ढोल बजाने का हुक्म दिया और धमकी दी कि अगर मैं ऐसा नहीं करूँगा तो वह मुझे गोली मार देगा। मैंने उससे कहा कि जब तक बड़े अधिकारी आदेश नहीं देते, मैं ढोल नहीं बजा सकता हूँ।

सवाल : क्या सिपाही ने ढोल बजाने के पीछे कोई वजह भी बताई थी?

जवाब : नहीं, उसने मुझे कोई वजह नहीं बताई, मगर मैंने उसे सिपाही मेहर लाल से कहते हुए सुना—यह मैं अपने धर्म की रक्षा के लिए कर रहा हूँ।
गवाह चुप हो गया।

पाँचवाँ गवाह

लेफ्टिनेंट बी.एच. बॉग, एडजुटेंट 34वीं रेजिमेंट, नेटिव इनफैंट्री।

कोर्ट के द्वारा

सवाल : क्वार्टर गार्ड से कितनी दूरी पर लड़ाई हुई थी?

जवाब : मुझे लगता है पचास या साठ यार्ड की दूरी पर।

सवाल : जब आपका घोड़ा गोली लगने के कारण गिर पड़ा, तब क्या इतना समय था कि क्वार्टर गार्ड के सिपाही आपकी सहायता के लिए आ सकते थे?

जवाब : इसके लिए पर्याप्त समय था, लेकिन कोई भी मेरी सहायता के लिए आगे नहीं आया। मेरा घोड़ा क्वार्टर गार्ड से आठ या दस कदम की दूरी पर गिर पड़ा था।

सवाल : क्या आपने लड़ाई के दौरान अपने आसपास किसी सिपाही के हाथ में बंदूक देखी थी?

जवाब : मेरे आसपास जो भी लोग थे, वे मेरे पीछे खड़े थे। मैं सिर्फ सार्जेंट मेजर, शेख पलटू और मंगल पांडे को देख पा रहा था। मैं इस कदर उत्तेजित था कि मेरा ध्यान पूरी तरह पांडे की तरफ केंद्रित था।

सवाल : किस दिशा से आखिरी गोली चलाई गई थी और क्या इस बात की संभावना हो सकती है कि वह गोली मंगल पांडे ने ही चलाई थी?

जवाब : मेरा मानना है कि यह गोली क्वार्टर गार्ड की तरफ से चलाई गई थी और यह मंगल पांडे ने नहीं चलाई थी, क्योंकि वह तो मेरे सामने खड़ा था।

सवाल : क्या आपने किसी को अपनी मदद के लिए आगे आने से रोका था?

जवाब : बिल्कुल नहीं।
गवाह चुप होता है।

छठा गवाह

सार्जेंट मेजर जेम्स थोर्टोन ह्यूसन, 34वीं रेजिमेंट, नेटिव इनफैंट्री

कोर्ट के द्वारा

सवाल : जब क्वार्टर गार्ड के नायक ने आपको मंगल पांडे के हथियार उठाने के बारे में बताया था, तब क्या उसकी कोई वजह भी बताई थी?

जवाब : उसने बताया कि मंगल पांडे ने भाँग खा ली है और जब मैं क्वार्टर गार्ड के पास पहुँचा तो मैंने खुद मंगल पांडे को सभी से विद्रोह का आह्वान करते हुए सुना।

सवाल : क्वार्टर गार्ड से कितनी दूरी पर एडजुटेंट का घोड़ा गिर पड़ा था?

जवाब : बाईं तरफ पाँच या छह यार्ड की दूरी पर, सामने की तरफ दस यार्ड की दूरी पर।

सवाल : क्या कोई सिपाही उन्हें सहारा देने के लिए आगे आया था?

जवाब : कोई भी उनकी सहायता करने के लिए नहीं आया था।

सवाल : क्या वहाँ काफी सिपाही जुटे हुए थे और देख रहे थे? क्या उनमें से कोई मदद के लिए आगे आया था?

जवाब : वरदी के बगैर काफी सिपाही मौजूद थे और उनमें से कोई भी एडजुटेंट की सहायता करने के लिए आगे नहीं आया था।

सवाल : क्या आपने किसी को लेज्टिनेंट बॉग पर बंदूक के कुंदे से हमला करते हुए देखा था?

जवाब : हाँ, मैंने एक सिपाही को रेजिमेंट की वरदी में उन पर हमला करते हुए देखा था, मगर मैं उस सिपाही को पहचान नहीं पाया।

सवाल : जब आप और एडजुटेंट मंगल पांडे से लड़ रहे थे, तब क्या आपने गोली चलने की आवाज सुनी थी?

जवाब : हाँ, पीछे की तरफ से गोली चली थी, जो क्वार्टर गार्ड की दिशा से आई थी।

सवाल : क्या आपने लड़ाई के दौरान सिपाही हीरालाल तिवारी को वहाँ देखा था?

जवाब : मैं उसे जानता हूँ। सात या आठ सिपाहियों के साथ वह भी

बंदूक लेकर वहाँ मौजूद था। मुझे संदेह तो है, मगर निश्चित तौर पर नहीं कह सकता कि उसने अपनी बंदूक के कुंदे से मेरे ऊपर प्रहार किया था।

सवाल : क्या सिपाही शेख पलटू ने आपकी सहायता की थी ?

जवाब : मैं कह नहीं सकता, मैंने उसे देखा नहीं।

गवाह चुप हो जाता है।

◻

मंगल पांडे का फाँसीनामा

14 मई, 1857 को गवर्नर जनरल लॉर्ड वारेन हेस्टिंग्स ने मंगल पांडे का फाँसीनामा अपने आधिपत्य में ले लिया। 8 अप्रैल, 1857 को बैरकपुर में मंगल पांडे को प्राणदंड दिए जाने के ठीक सवा महीने बाद फाँसीनामे को कलकज़ा के फोर्ट विलियम कॉलेज में स्थानांतरित कर दिया गया। सन् 1905 में जब लॉर्ड कर्जन ने उड़ीसा, बंगाल, बिहार और मध्य प्रदेश की थल सेनाओं का मुज़्यालय जबलपुर में स्थापित किया, तब मंगल पांडे का फाँसीनामा जबलपुर स्थानांतरित कर दिया गया। जबलपुर के सेना आयुध कोर्ट के संग्रहालय में मंगल पांडे का फाँसीनामा आज भी सुरक्षित रखा गया है। इसका हिंदी अनुवाद इस प्रकार है—

जनरल ऑडर्स बाई हिज एक्सीलेंसी
द कमांडर-इन-चीफ
हेड क्वार्टर्स, शिमला
18 अप्रैल, 1857

गत 18 मार्च, 1857 बुधवार को फोर्ट विलियम में संपन्न कोर्ट मार्शल के बाद कोर्ट मार्शल समिति 6 अप्रैल, 1857 सोमवार के दिन बैरकपुर में पुन: इकट्ठा हुई तथा पाँचवीं कंपनी की 34वीं रेजिमेंट नेटिव इनफैंट्री के 1446 नंबर के सिपाही मंगल पांडे के खिलाफ लगाए गए निज़्न आरोपों पर विचार किया—

आरोप (1) बगावत : 29 मार्च, 1857 को बैरकपुर में परेड मैदान पर अपनी रेजिमेंट के क्वार्टर गार्ड के समक्ष तलवार और राइफल से लैस होकर अपने साथियों को ऐसे शज़्दों में ललकारा, जिससे वे उज़ेजित होकर उसका साथ दें तथा कानूनों का उल्लंघन करें।

आरोप (2) इसी अवसर पर पहला वार किया गया तथा हिंसा का सहारा लेते हुए अपने वरिष्ठ अधिकारियों, सार्जेंट मेजर जेज़्स थार्नटन ह्यूसन और लेफ़्टिनेंट एडजुटेंट बैपडे हेनरी बॉग जो 34वीं रेजिमेंट इनफैंट्री के ही थे, पर अपनी राइफल से कई गोलियाँ दागीं तथा बाद में उल्लिखित लेफ़्टिनेंट बॉग और सार्जेंट मेजर ह्यूसन पर तलवार से कई वार किए।

निष्कर्ष : अदालत पाँचवीं कंपनी की 34वीं रेजिमेंट नेटिव इनफैंट्री के सिपाही नंबर 1446 मंगल पांडे को उक्त आरोपों का दोषी पाती है।

सजा : अदालत पाँचवीं कंपनी की 34वीं रेजिमेंट नेटिव इनफैंट्री के सिपाही नंबर 1446 मंगल पांडे को मृत्युपर्यंत फाँसी पर लटकाए रखने की सजा सुनाती है।

अनुमोदित एवं पुष्टिकृत
(हस्ताक्षरित)
जे.बी. हियर्से
मेजर जनरल कमांडिंग
प्रेसीडेंसी डिवीजन
बैरकपुर, 7 अप्रैल, 1857

टिप्पणी

पाँचवीं कंपनी की 34वीं रेजिमेंट नेटिव इनफैंट्री के सिपाही नंबर 1446 मंगल पांडे को कल 8 अप्रैल को प्रातः साढ़े पाँच बजे ब्रिगेड परेड पर समूची फौजी टुकड़ी के समक्ष फाँसी पर लटकाया गया।

इस आदेश को प्रत्येक फौजी टुकड़ी की परेड के दौरान और खास तौर से बंगाल आर्मी के हर हिंदुस्तानी सिपाही को पढ़कर सुनाया जाए।

बाई ऑर्डर ऑफ हिज एक्सीलेंसी
द कमांडर-इन-चीफ
सी चेस्टर, कर्नल

□

मंगल पांडे का जन्मस्थल और उनके वंशज

आज अगर वे जिंदा होते तो नि:संदेह आजाद भारत में उनका शीश शर्म से झुक जाता। स्वाधीनता संग्राम के पहले शहीद मंगल पांडे के वंशजों के लिए इससे शर्मनाक बात और क्या होगी कि जिस सैनिक ने भारत की आजादी की जंग का पहला शंखनाद किया, आज उनके वंशज सेना से दूर हैं। मंगल पांडे के प्रपौत्र सेना में भरती होने का दमखम तो रखते हैं, लेकिन भ्रष्टाचार के चलते उनकी इस हसरत पर पानी फिर चुका है।

ऐसा नहीं है कि अमर शहीद मंगल पांडे के वंशज सेना में जाना नहीं चाहते। इस परिवार के युवाओं में सेना में जाने की छटपटाहट तो है, लेकिन भ्रष्टाचार ने उनकी इन हसरतों पर पानी फेर दिया है। इतना ही नहीं, मंगल पांडे के नाम पर बना स्मारक भी जीर्णशीर्ण अवस्था में है। घर की दशा दयनीय है। टूटे-फूटे आवास में जिंदगी गुजार रहे मंगल के वंशजों को आज भी किसी रहनुमा की तलाश है।

अविवाहित थे मंगल

आम तौर पर यह सभी जानते हैं कि सेना में रहकर विद्रोह का बिगुल फूँकनेवाले बलिया जिले के नगवाँ गाँव निवासी सुदिष्ट पांडे के पुत्र अमर शहीद मंगल पांडे अविवाहित थे। उनके बड़े भाई नरेंद्र पांडे और छोटे भाई ललित पांडे थे। ललित पांडे के दो पुत्र महावीर व महादेव पांडे हुए। महावीर पांडे के एकमात्र पुत्र थे बरमेश्वर। मंगल पांडे से प्रेरित बरमेश्वर भी आजीवन अविवाहित रहे और अपना जीवन देश को समर्पित कर दिया। महादेव पांडे के दो पुत्र महेश

व सुरेश हुए। सुरेश पांडे के घर में चार पुत्रों—विजय कुमार पांडे, अजय कुमार पांडे, नरेंद्र कुमार पांडे और अनिल कुमार पांडे ने जन्म लिया। इनमें नरेंद्र पांडे सेना में रहे। 17 वर्ष 20 दिन की सेवा के बाद पहली मार्च, 2001 को सेवानिवृज्ञ हो गए। वहीं महेश पांडे के इकलौते पुत्र रघुनाथ पांडे इन दिनों केंद्रीय विद्यालय, नैनीताल के प्रधानाचार्य पद पर हैं। साथ ही इनका पूरा कुनबा नैनीताल में ही बस गया है।

अब कौन रहता है गाँव में

बलिया जिले के नगवाँ गाँव में रहते हैं मंगल पांडे के प्रपौत्र विजय कुमार पांडे व अजय कुमार पांडे। 58 वर्षीय विजय के दो पुत्र अरविंद कुमार पांडे (30) व विपिन कुमार पांडे (24) हैं, वहीं 50 वर्षीय अजय के दो पुत्र अनूप (20) बीफार्मा और अनुज (18) पॉलिटेक्निक करने के बाद भी रोजगार न मिलने पर ऊधम सिंह नगर में खेती कर रहे हैं। नरेंद्र पांडे के एक पुत्र शशांक (20) बलिया स्थित सतीश चंद्र कॉलेज से बी.ए. कर रहे हैं तो दूसरे सौरभ पांडे (13) महर्षि वाल्मीकि बाल विद्यालय काजीपुरा में पढ़ रहे हैं।

सैनिक बनने का प्रयास

मंगल पांडे के प्रपौत्र 58 वर्षीय विजय कुमार पांडे बताते हैं कि उन्होंने भी सेना में जाने की काफी कोशिश की, लेकिन हर बार निकाल दिए गए। मेरे पुत्र अरविंद का पुलिस में एस.आई. के लिए फिजिकली चयन होने के बाद लिखित परीक्षा में निकाल दिया गया। अजय कुमार पांडे का कहना है कि वे ऊधमसिंह नगर में पुलिस में भरती के लिए गए थे, लेकिन उनका चयन नहीं हुआ। उन्होंने खुद को मंगल पांडे का वंशज बताते हुए छूट की माँग की, लेकिन अधिकारियों ने तवज्जो नहीं दी। परिजनों का आरोप है कि सेना में भरती होने का प्रयास इस परिवार के कई युवाओं ने किया, लेकिन भ्रष्टाचार के चलते उन्हें सेना में भरती नहीं किया गया। अनिल पांडे तो सेना में भरती होने के लिए कई बार बोर्ड के समक्ष प्रस्तुत हुए, लेकिन विफल ही रहे। सेना के एक वरिष्ठ अधिकारी ने उनसे धन भी माँगा, लेकिन उन्होंने धन देने से इनकार कर दिया। इस पर अधिकारी का कहना था कि तमगा लेकर घूमते रहो, सेना में नहीं जा पाओगे। सेना ने उन्हें मेडिकली अनफिट करार दे दिया, जबकि वे पूर्ण स्वस्थ थे।

कुश्ती के शौकीन

मंगल पांडे के जीवन-प्रसंगों को आज भी बुजुर्ग कहते नहीं अघाते। थोड़ा सा कुरेदते ही वे मंगल पांडे की वीरता का बखान नम आँखों से करने लगते हैं। गाँव के ही एक बुजुर्ग बताते हैं कि मंगल पांडे कुश्ती के शौकीन थे।

अखार क्षेत्र में नामी-गिरामी अखाड़ा था। यहाँ मंगल कुश्ती लड़ने आया करते थे। आज भी उनकी याद में युवा क्लब अखार के संयोजक रणजीत कुमार सिंह की देखरेख में अखाड़ा और व्यायामशाला चल रही है। अखार निवासी 85 वर्षीय वृद्ध गिरनारी सिंह के मुताबिक, उनके दादा स्व. गोगा सिंह बताते थे कि मंगल पांडे पड़ोसी गाँव नगवाँ से अखार कुश्ती लड़ने आते थे। 80 वर्षीय बृज बिहारी सिंह बताते हैं कि मंगल पांडे उनके बाबा के परम मित्र थे। जब भी वे गाँव आते, उनसे जरूर मिलते थे। 70 वर्षीय संत विलास सिंह ने बताया कि उनके बाबा बसावन सिंह से मंगल पांडे ने कुश्ती के कई गुर सीखे थे।

मंगल का स्मारक उपेक्षित

शहीद मंगल पांडे की स्मृति में बलिया में दो जगहों पर उनकी भव्य प्रतिमा स्थापित की गई थी। इनमें एक उनके पैतृक गाँव नगवाँ में, तो दूसरी नगर के कदम चौराहे पर स्थित है। शहीद मंगल पांडे स्मारक सोसाइटी नगवाँ का गठन तत्कालीन प्रधानमंत्री स्व. इंदिरा गांधी के निर्देश पर स्वतंत्रता संग्राम सेनानी स्व. तारकेश्वर पांडे ने किया था। मंगल पांडे के व्यक्तित्व व कृतित्व को अक्षुण्ण बनाए रखने हेतु उनके नाम पर इंटरमीडिएट कॉलेज, शोध संस्थान, संग्रहालय, पुस्तकालय आदि स्थापित किए गए। विद्यालय के प्रथम प्रधानाचार्य संस्था के अध्यक्ष व पूर्व नगर विकास मंत्री स्व. विक्रमादित्य पांडे बनाए गए। स्व. विक्रमादित्य पांडे ने जीवन भर स्मारक की अच्छी तरह देखभाल की। इन दिनों ये दोनों स्मारक उपेक्षित हैं।

सालाना आयोजन

भृगु बाबा की तपस्थली बलिया में स्वतंत्रता सेनानियों की लंबी फेहरिस्त है। मंगल पांडे के बलिदान दिवस 8 अप्रैल को हर साल गाँव नगवाँ में भव्य आयोजन होता है। शहीद स्मारक पर आयोजित कार्यक्रम में पूर्व प्रधानमंत्री स्व. चंद्रशेखर, पूर्व मुज़्यमंत्री मुलायम सिंह यादव, पूर्व नगर विकास मंत्री विक्रमादित्य

पांडे, पूर्व नगर विकास राज्यमंत्री नारद राय, नगर विकास मंत्री नकुल दुबे आदि भाग ले चुके हैं।

जब उपेक्षित हुईं पौत्रवधू

जरा सोचिए, जब मंगल पांडे के बलिदान दिवस पर आयोजित भव्य कार्यक्रम में उनकी पौत्रवधू को सुरक्षाकर्मी उक्त स्थल तक जाने ही न दें, तो क्या स्थिति होगी। 8 अप्रैल, 2005 को नगवाँ स्थित स्मारक स्थल पर आयोजित कार्यक्रम में भाग लेने तत्कालीन मुख्यमंत्री मुलायम सिंह यादव बतौर मुख्य अतिथि पहुँचे, तो परिवार की सबसे बुजुर्ग महिला यानी मंगल पांडे की पौत्रवधू तेतरी देवी कार्यक्रम में भाग लेने पहुँचीं। सुरक्षाकर्मियों ने उन्हें लाख समझाने-बुझाने पर भी आयोजन स्थल तक नहीं जाने दिया। आयोजन स्थल पर इसको लेकर हंगामा होने पर मुलायम सिंह यादव वहाँ पहुँचे और सुरक्षाकर्मियों को फटकारते हुए तेतरी देवी को मंचासीन कर उन्हें सज्मानित किया।

बरमेश्वर के नाम पर मिलीं सुविधाएँ

मंगल पांडे के वंशजों को उनके नाम पर कोई सुविधा तो नहीं मिली, लेकिन उनके अनुज बरमेश्वर पांडे के नाम पर थोड़ी-बहुत सुविधाएँ जरूर मिलीं। स्वाधीनता संग्राम के दौरान बलिया के क्रांतिकारियों ने इन्हें अपना कप्तान चुना था। वे आजीवन 'कप्तान साहब' कहे जाते रहे।

वे सन् 1930 से 1942 तक अंग्रेजों के खिलाफ सक्रिय रहे। दर्जनों बार जेल गए, यातनाएँ सहीं। इनके नाम पर इनके वंशजों को नैनीताल में थोड़ी-बहुत जमीन मिली है, लेकिन मंगल पांडे के नाम पर कुछ भी नहीं मिला।

फिल्म भी रही विवादित

सन् 2006 में प्रथम स्वतंत्रता संग्राम के नायक मंगल पांडे के जीवन-चरित्र पर आधारित विवादित फिल्म 'मंगल पांडे : द राइजिंग' में उनकी जन्मभूमि बलिया को पूरी तरह नजरअंदाज कर दिया गया था। साथ ही कई तथ्यों को गलत ढंग से पेश किया गया। इसमें मंगल पांडे को शराब पीते फिल्माया गया था, जबकि मंगल पांडे शराब छूते तक नहीं थे। भले ही इसके पीछे निर्माता की सोच फिल्म को मसालेदार बनाने की थी, लेकिन शहीद पर लगे इस लांछन से समूचे देश

में विवाद खड़ा हो गया। बलिया में पुलिस को फिल्म विरोधियों पर लाठीचार्ज करना पड़ा। आखिरकार उस फिल्म से इस अंश को हटाना पड़ा।

जन्मस्थल को लेकर विवाद

मंगल पांडे के जन्मस्थल को लेकर भी विवाद पैदा होता रहा है। मंगल पांडे के प्रपौत्र के अनुसार, उच्च न्यायालय इलाहाबाद की खंडपीठ ने मंगल पांडे को नगवाँ निवासी मान लिया है। कुछ साल पहले नगवाँ स्थित मंगल पांडे की मूर्ति का लोकार्पण करने पहुँचे तत्कालीन मुख्यमंत्री मुलायम सिंह यादव ने घोषणा की थी कि हर स्तर से प्रमाणित हो चुका है कि मंगल पांडे बलिया जिले के नगवाँ गाँव के ही निवासी थे। ऐसे में इस विवाद में कोई दम नहीं है।

शिवभक्त थे मंगल

कट्टर हिंदू ब्राह्मण होने के साथ ही मंगल पांडे शिवभक्त भी थे। आज भी उनके द्वारा पूजित शिवलिंग इसका बोध कराता है। मौजूदा घर के ठीक सामने बने एक छोटे से शिवालय में उक्त शिवलिंग स्थापित है। इस शिवलिंग की पूजा मंगल पांडे सेना में भरती होने से पहले तथा गाँव आने पर करते थे। शिव में उनकी अटूट आस्था थी। अब यह मंदिर जीर्ण-शीर्ण जरूर है, लेकिन आज भी इस मंदिर में गाँव के लोग पूजा-पाठ करते हैं।

'हमें गर्व है'

"जब मेरा विवाह तय हुआ और यह बताया गया कि मैं मंगल पांडे के पौत्र की अर्द्धांगिनी बनने जा रही हूँ, तो मैंने तत्काल विवाह के लिए हामी भर दी। विवाह के बाद जब मैं ससुराल पहुँची तो मंगल गीतों में मंगल पांडे के पूर्वजों और मंगल पांडे का नाम लेकर गीत गाए गए, आज भी गाए जाते हैं। साँझा-पराती (मंगलाचरण) में भी मंगल पांडे का नाम लिया जाता है। मुझे गर्व है कि मैं उनके पौत्र की वधू हूँ। शिकायत है तो बस इतनी कि शासन से वे सुविधाएँ नहीं मिलीं, जिनके हकदार उनके वंशज हैं। इससे शर्मनाक क्या होगा कि मंगल पांडे की जन्मस्थली को लेकर विवाद खड़ा किया जाए।"

—**तेतरी देवी, मंगल पांडे की पौत्रवधू**

नहीं हो सका विकास

नगवाँ के ग्राम प्रधान विनोद कुमार गुप्ता का कहना है—नगवाँ गाँव में विकास की वह धारा प्रवाहित नहीं हो सकी है, जो काफी पहले हो जानी चाहिए थी। शासन तथा प्रशासन स्तर पर विकास को लेकर कभी रुचि नहीं ली गई। यहाँ तक कि गाँव का स्मारक भी सुरक्षित नहीं है। गाँव स्तर पर ही प्रतिमा और स्मारक की साफ-सफाई और रंग-रोगन कराया जाता है। मंगल पांडे द्वार के लिए खंड विकास अधिकारी से वार्ता हुई है। उन्होंने मनरेगा के तहत इसे जल्द बनवाने का भरोसा दिया है।

नहीं मिलीं सुविधाएँ

नगवाँ के पूर्व प्रधान भुवनेश्वर पासवान का कहना है—वक्त के साथ मंगल पांडे का गाँव नक्सल प्रभावित हो चुका है। इसके बाद भी गाँव को वे सुविधाएँ प्राप्त नहीं हैं, जिसका हकदार यह गाँव है। गाँव में पुलिस चौकी की स्थापना की माँग लंबे अरसे से हो रही है। स्मारक तक जाने के लिए पक्की सड़क नहीं है। सड़क की जमीन को लेकर विवाद है। प्रशासन इसे खत्म करने की कोशिश तक नहीं कर रहा है।

सन् 1942 में भी दिखी झलक

शहीद मंगल पांडे स्मारक समिति, कदम चौराहा (बलिया) के मंत्री राजकुमार पांडे का कहना है—"अमर शहीद मंगल पांडे ईस्ट इंडिया कंपनी के सिपाही थे, न कि अंग्रेजी सेना के। जब मंगल पांडे ने बगावत की थी, तब विक्टोरिया ने कंपनी की सेना को अपने कब्ज़े में नहीं लिया था। मंगल पांडे ने न सिर्फ देश की आजादी, बल्कि सांस्कृतिक राष्ट्रवाद के लिए अपने प्राणों की आहुति दे दी। ऐसा तेवर सन् 1942 की क्रांति में देखा गया।

"मंगल पांडे को उनका स्थान दिलाने के लिए समिति संघर्षरत है। हालाँकि सन् 1980 में मंगल पांडे पर डाक टिकट जारी हो चुका है। दु:खद यह है कि मंगल पांडे के स्मारक को थोड़ी सी भी जमीन नहीं मिली है। जो जमीन है, वह या तो समिति की है या निजी।"

□

संदर्भ ग्रंथ

1. मंगल पांडे : ब्रेव मार्टर ऑर एक्सीडेंटल हीरो : रुद्रांग्शु मुखर्जी
2. मंगल पांडे टू लक्ष्मीबाई : ए स्टोरी ऑफ इंडियन ज्यूटिनी-1857 : मोहन मिश्रा
3. द ग्रेट ज्यूटिनी : इंडिया 1857 : क्रिस्टोफर हिबर्ट
4. मंगल पांडे : द टू स्टोरी ऑफ ऐन इंडियन रिवोल्यूशनरी : अमरेश मिश्रा
5. 1857 : सम अनटोल्ड स्टोरी : एस.एन. चंदा
6. ए हिस्टरी ऑफ द सिपॉय वार इन इंडिया : जॉन विलियम के
7. द रिवोल्ट ऑफ 1857 : रवि रंजन एवं एम.के. सिंह